Le ricette della mia Sicilia

FLORIANA CALABRESE

TUORLOROSSO

Le ricette della mia Sicilia

MONDADORI

A te mamma,
che hai sempre creduto in me.

So che questo libro ti sarebbe piaciuto
e che avresti voluto la prima copia.

Ovunque tu sia,
grazie per tutto quello
che mi hai insegnato.

Sommario

Introduzione

Che emozione scrivere le pagine del mio libro! Un traguardo molto importante che devo a tutte le persone che ormai da 4 anni mi sostengono e mi spingono a credere in questo progetto, che sembrava irrealizzabile.
"Tuorlo Rosso" nasce come una scommessa che non avrei mai pensato di vincere, in un periodo difficile della mia vita, e per me ha rappresentato un punto di svolta, un nuovo capitolo che sto scrivendo giorno dopo giorno.

Un po' di me...

Nelle mie videoricette racconto sempre qualcosa di me e della mia famiglia, ma poiché sono una persona molto riservata, non ho raccontato proprio tutto... Adesso però penso sia giusto che chi mi segue sui social sappia chi è davvero Floriana, come sono nati "Tuorlo Rosso" e la passione per la cucina.

Ma partiamo dall'inizio. Sono nata nel 1984 e vivo a Palermo da sempre. Sono laureata in Lingue e culture moderne e per diversi anni ho lavorato per il web, nel settore dell'editoria online. Nel 2008 ho sposato Mirko e ben presto sono arrivati due bambini fantastici, Julie e Kevin. Sono loro il centro delle mie giornate, i miei assaggiatori ufficiali e, perché no, anche le mie cavie quando sperimento dei piatti nuovi.
Una vita semplice, fatta di piccole cose, di valori genuini, di tradizioni da portare avanti, ma anche di passione per la musica, per la lettura e per la cucina, natural-

La mia famiglia durante il nostro più recente viaggio in Puglia.

mente. Le mie giornate erano piene, fra lavoro, figli da accompagnare a scuola e da seguire nelle attività extrascolastiche, e poi la preparazione del pranzo e della cena. A volte riuscivo anche a ricavare del tempo per me. Ero felice.
Un giorno, però, la mia quotidianità è stata letteralmente stravolta; senza rendermene conto sono cambiate tante cose che hanno modificato la mia esistenza e che, vedremo come, mi hanno portato dove sono.

Come è nata la mia passione per la cucina?

Questa è una delle domande più frequenti che mi sento rivolgere. E inoltre: "Flo, come hai imparato a cucinare? Hai fatto dei corsi professionali? Sei una chef?". La risposta è una soltanto: mia mamma, Giovanna.
Sin da piccola, infatti, trascorrevo ore e ore in un angolino della cucina a osservarla. Lontana abbastanza per non intralciarla ma vicina a sufficienza per apprendere non soltanto le ricette ma anche la sua incredibile manualità e fantasia.
Neanche lei ha mai fatto corsi professionali di cucina, ma la sua grande passione l'ha sempre portata a mettere "le mani in pasta". Quando rientravo a casa da scuola, non avevo bisogno di chiamarla o cercarla in giro... andavo direttamente in cucina perché sapevo che l'avrei trovata lì a trafficare tra i fornelli, a provare ricette o a mettere in pratica i consigli che le avevano suggerito.
Fin da piccola, non c'era Pasqua che arrivasse senza le sue cassate siciliane (ma

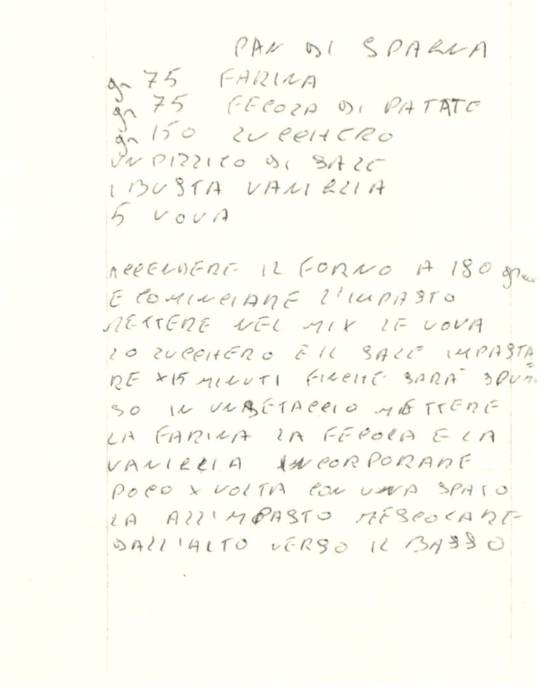

PAN DI SPAGNA
gr 75 FARINA
gr 75 FECOLA DI PATATE
gr 150 ZUCCHERO
UN PIZZICO DI SALE
1 BUSTA VANIGLIA
5 UOVA

ACCENDERE IL FORNO A 180 gradi
E COMINCIARE L'IMPASTO
METTERE NEL MIX LE UOVA
LO ZUCCHERO E IL SALE IMPASTA=
RE X 15 MINUTI FINCHÉ SARÀ SPUM=
SO IN UN SETACCIO METTERE
LA FARINA LA FECOLA E LA
VANIGLIA INCORPORARE
POCO X VOLTA CON UNA SPATO
LA ALL'IMPASTO MESCOLANDO
DALL'ALTO VERSO IL BASSO

Mia madre, Giovanna, e una pagina del suo quadernino delle ricette.

rigorosamente senza glassa perché non le amava troppo dolci), e per le festività natalizie non mancava mai il suo buccellato. Con il tempo però si era spinta oltre le ricette della tradizione siciliana, soprattutto grazie a Luca Montersino, suo grande idolo. Non perdeva un episodio del suo programma di cucina e aveva tutti i suoi libri. E così, giorno dopo giorno, ho fatto tesoro dei suoi insegnamenti e pian piano ho iniziato a cucinare accanto a lei. Quante ricette abbiamo sperimentato insieme! Quando era soddisfatta del risultato scriveva con pazienza le dosi e il procedimento nel suo quadernino delle ricette, che custodisco gelosamente.

Da una passione nasce il mio nuovo lavoro

La mia passione per la cucina tuttavia rimane a lungo in un angolo, relegata alla preparazione del pranzo e della cena o delle torte per le merende dei miei bambini. Non appena laureata, infatti, ho iniziato a lavorare e, una volta sposata, con la nascita di Julie e Kevin le mie giornate si sono riempite.
Un giorno però mi hanno proposto di lavorare per una web agency, e in smart working: avrei dovuto realizzare dei contenuti per alcuni siti, tra cui uno di cucina. Un'occasione perfetta, no? Ho accettato quasi all'istante: la mia passione per la cucina si stava trasformando in un lavoro e ben presto l'entusiasmo per questa attività mi ha portato nuovamente sui libri.
Ma passare dal "cucinare a casa per la propria famiglia" al "produrre contenuti

Io da piccola, in cucina.

per il pubblico" non è stato così immediato: ho iniziato a studiare le tecniche di scrittura per il web, ho testato nuovi modi per comunicare in modo efficace, ho cominciato a registrare le prime videoricette.
Quel lavoro mi piaceva moltissimo.

Un dolore inatteso

Era tutto perfetto ma quella serenità è durata poco: nel 2018, infatti, mia mamma scopre di avere un grave problema di salute. Nei miei video parlo spesso di lei, ma ciò che non ho mai confessato al pubblico è che non c'è più.
Con questo libro ho deciso invece di condividere questo capitolo della mia vita con chi ogni giorno mi segue sul web e così far rivivere, attraverso ogni singola ricetta di queste pagine, il ricordo di mia madre.
Come ho già detto, mi ha insegnato tanto in cucina ma soprattutto nella vita. È sempre stata molto forte, tenace e combattiva e l'ha dimostrato soprattutto negli ultimi anni della sua esistenza: con grande dignità, cercava di dimostrare a me e a mio fratello che non si deve mai mollare e che bisogna sempre lottare per raggiungere il proprio obiettivo.
In particolare, mi ha aiutato a credere in me stessa ed era lei la prima a farlo. Mi spronava a fare sempre meglio, a pretendere il massimo per me. Quando mi vedeva lavorare tanto, mi chiedeva: "Perché non crei un sito tutto tuo?". Io scoppiavo a ridere e le rispondevo che era impossibile.

Nel 2019, dopo la sua scomparsa, cerco di farmi coraggio, giorno dopo giorno, per i miei bambini (i nipotini che lei tanto amava), per la mia famiglia. E per il mio lavoro.
Insomma: basta lacrime, dovevo riprendere in mano la mia vita.

2020: il Covid e il licenziamento

Mentre stavo provando a tirarmi su, cercando di andare avanti, arrivano il Covid, il lockdown, la paura.
Nel giro di poche settimane, la situazione è precipitata sia a livello globale sia per me. Le conseguenze sull'economia non hanno risparmiato nemmeno l'azienda in cui avevo iniziato a lavorare io, ma anche mio marito. Pochi mesi dopo la mia assunzione, infatti, viste le altre posizioni aperte in questa web agency, Mirko aveva deciso di lasciare il suo impiego per entrare a far parte del nostro team ed è stata un'esperienza stupenda. Ma con il Covid la crisi è stata irreversibile e nel giro di pochi mesi abbiamo vissuto il peso di un doppio licenziamento. Con una famiglia sulle spalle.
Tutto quello che avevamo costruito pareva svanito nel nulla.
Dovevamo ricominciare la nostra vita da zero. Sembrava tutto terribilmente difficile, se non impossibile.

Perché non crei un sito tutto tuo?

Dopo i primi momenti di sconforto, abbiamo iniziato a pensare a come rimetterci in piedi. In fondo, eravamo giovani e la voglia di fare e di metterci in gioco non ci mancava. Nella nostra testa echeggiavano sempre le parole di mia madre: "Perché non crei un sito tutto tuo?".
All'inizio sembrava un pensiero estemporaneo. L'idea di diventare imprenditori di noi stessi era affascinante ma al tempo stesso una sfida che sembrava impossibile da vincere. Però gli amici e i parenti continuavano a dirci che avevamo tutte le carte in regola per farcela.
Mirko e io ci siamo guardati negli occhi e abbiamo capito che dovevamo tentare, che era il momento per creare un progetto tutto nostro, ognuno con le proprie competenze acquisite in anni di studio e di lavoro.
Ed ecco che, senza pensarci un attimo di più, ci siamo messi al computer, abbiamo scelto il nome del nostro progetto e ideato le prime bozze del logo: era appena nato "Tuorlo Rosso".

16 ottobre 2020: una data da ricordare

Le paure e le perplessità erano tante: la mia passione poteva bastare per interessare tante persone? La nostra buona volontà sarebbe stata sufficiente per sostenere il carico di attività che si nasconde dietro ogni videoricetta?

Non avevamo nessuna certezza ma abbiamo deciso di partire: io ho iniziato a scrivere il progetto e delinearne i cardini fondamentali, lui da autodidatta ha realizzato il sito web, le grafiche e le bozze di post-produzione video. Sì, dietro tutto quello che si vede ogni giorno c'è la sua professionalità innata e la sua precisione da ingegnere. Dare vita a "Tuorlo Rosso" è stata la cosa più entusiasmante della nostra unione, dopo Julie e Kevin, ovviamente.
In pochissimo tempo mi sono ritrovata dietro la penisola della mia cucina e... dietro l'obiettivo. Mirko ha dato il via: abbiamo registrato la prima videoricetta, poi la seconda, abbiamo aperto la pagina Facebook, poi Instagram, il canale su YouTube e il 16 ottobre 2020 abbiamo pubblicato il primo post.
Ed è bastato quel post a cancellare le mie paure! Sin da subito, infatti, sono stata inondata dal vostro affetto e dai vostri incoraggiamenti.

Perché "Tuorlo Rosso"?

In realtà questo nome nasce un po' per caso, giocando con le combinazioni di alcune parole attinenti alla cucina, nel tentativo di creare una denominazione facile da ricordare, simpatica e anche originale.
Si basa sull'accostamento del termine tuorlo e del colore rosso, a voler rimarcare il fatto che il tuorlo è anche il "rosso" dell'uovo. Non appena abbiamo pronunciato in sequenza queste due parole... è stato un colpo di fulmine: "Tuorlo Rosso" sarebbe stato il brand del nostro progetto.

Quando scrivi un libro di ricette?

Siete stati voi a spronarmi a scrivere questo libro e di questo non posso che esservi grata.
Mi auguro che possa essere d'incoraggiamento a tutte le persone che hanno perso la speranza: in fondo al tunnel c'è sempre la luce! In ogni momento porto nel cuore il più grande insegnamento materno e voglio condividerlo con voi: la vita merita di essere vissuta al meglio fino all'ultimo secondo, e con il sorriso in volto.
Ho deciso di dedicare questo mio primo libro a mia madre ma anche alla mia terra, la Sicilia, alla quale sia io sia lei siamo sempre state molto legate. Spero che vi sia utile e che possa diventare prezioso come il quaderno delle ricette siciliane della mia mamma, che custodisco gelosamente.

Floriana

Antipasti

Caponata di pesce spada

PORZIONI
4 persone

TEMPO DI PREPARAZIONE
25 minuti

TEMPO DI COTTURA
35 minuti

DIFFICOLTÀ
bassa

INGREDIENTI
- ✓ 500 g di pesce spada
- ✓ 2 melanzane scure
- ✓ 1 cipolla bianca
- ✓ 2 coste di sedano
- ✓ capperi
- ✓ olive verdi denocciolate
- ✓ 250 ml di passata di pomodoro
- ✓ 40 ml di aceto di vino bianco
- ✓ 2 cucchiai di zucchero
- ✓ sale
- ✓ olio di semi di arachide
- ✓ olio e.v.o.

Riducete il pesce spada e le melanzane in tocchetti. Mettete le melanzane in uno scolapasta, cospargetele con del sale, e lasciatele riposare per 30 minuti coprendole con un piatto perché rilascino il liquido di vegetazione. Trascorso questo tempo eliminate il sale in eccesso sciacquando i tocchetti sotto l'acqua e tamponandoli con un panno. Friggeteli in olio di semi ben caldo, per pochi minuti, e trasferiteli a scolare su carta da cucina per eliminare l'olio in eccesso

In una padella fate cuocere i tocchetti di pesce spada con dell'olio. Una volta divenuti chiari, metteteli da parte: serviranno pochi minuti perché il tempo di cottura varia a seconda della dimensione dei tocchetti di pesce che avete preparato.

In una pentola a parte ora fate soffriggere, dopo averli tritati, la cipolla con il sedano e una manciata di capperi. Trascorso qualche minuto, coprite con acqua e fate cuocere per 10 minuti con il coperchio. Aggiungete olive verdi, a piacere, spezzettate, e versate la passata di pomodoro. Regolate di sale in base ai vostri gusti e proseguite la cottura per una decina di minuti.

Unite adesso aceto e zucchero per creare l'agrodolce tipico di questo piatto. Potete ora aggiungere il pesce spada e le melanzane e far cuocere per un altro paio di minuti a fuoco vivace. Spegnete la fiamma, fate raffreddare e servite.

TUORLOROSSO

I suggerimenti di Flo

Non fate cuocere troppo a lungo il pesce spada per evitare che diventi secco e stopposo. Preparate invece la caponata un giorno prima: sarà ancora più gustosa! Il riposo, infatti, permetterà a tutti i sapori di questo piatto di fondersi tra loro.

ACETO
OLIO

Carciofi impanati e fritti

PORZIONI
4 persone

TEMPO DI PREPARAZIONE
15 minuti

TEMPO DI COTTURA
10 minuti

DIFFICOLTÀ
bassa

INGREDIENTI
✓ 5 carciofi
✓ il succo di 1 limone
✓ farina 00
✓ 2 uova
✓ pangrattato
✓ sale
✓ olio di semi di arachide

per la pastella
✓ 10 g di lievito di birra fresco
✓ 500 ml di acqua
✓ 350 g di farina 00
✓ 6 g di sale
✓ 5 carciofi
✓ 1 limone

Pulite i carciofi staccando le foglie esterne più dure e tagliando le punte di quelle rimanenti così da eliminare le spine. Ripulite il gambo, quindi dividete a metà e poi in quarti i carciofi e rimuovete il fieno interno e le foglie più piccole che contengono ancora delle spine.

Dagli spicchi così ottenuti ricavate delle fettine più sottili e immergetele in una terrina con acqua e il succo del limone, che impedirà alla verdura di annerire. Scolate e asciugate con carta da cucina ogni fettina, poi passatele nella farina, scuotendole leggermente per eliminare quella in eccesso. A questo punto passatele nell'uovo, battuto con un pizzico di sale, e successivamente nel pangrattato: i carciofi sono pronti per essere fritti nell'olio di semi.

Dopo averli fritti, scolate i carciofi, trasferiteli su carta da cucina per assorbire l'olio in eccesso, regolate di sale e portate in tavola.

Carciofi in pastella

Preparate innanzitutto la pastella. In una terrina sciogliete il lievito nell'acqua a temperatura ambiente. Poco per volta incorporate la farina, lavorando con una frusta. Ottenuta una pastella liscia e senza, grumi aggiungete il sale, mescolando ancora. Coprite con pellicola per alimenti e fate lievitare per un'ora.

Ora dedicatevi ai carciofi. Puliteli staccando le foglie esterne più dure e tagliando le punte di quelle rimanenti così da eliminare le spine. Ripulite il gambo, quindi dividete ogni carciofo a metà e poi in quarti, rimuovendo il fieno interno e le foglie più piccole che contengono ancora delle spine. Ogni quarto andrà diviso ancora a metà, se troppo grande. Immergete in acqua e succo di limone per non farli ossidare.

Scolate i carciofi dall'acqua e immergeteli uno alla volta nella pastella, poi friggeteli nell'olio ben caldo fino a farli dorare bene. L'olio non deve essere troppo caldo perché il carciofo deve avere il tempo di cuocere non solo in superficie.

Scolate, trasferite i carciofi su un foglio di carta da cucina per eliminare l'olio in eccesso e regolate di sale.

Broccoli in pastella

PORZIONI
4 persone

TEMPO DI PREPARAZIONE
10 minuti

TEMPO DI COTTURA
25 minuti

DIFFICOLTÀ
bassa

INGREDIENTI
- ✓ 300 g di broccolo palermitano o cavolfiore
- ✓ olio di semi di arachide

per la pastella
- ✓ 5 g di lievito di birra disidratato
- ✓ 200 ml di acqua (in alternativa 200 ml di acqua frizzante)
- ✓ 200 g di farina 00
- ✓ sale

Pulite innanzitutto il broccolo e riducetelo in cime. Lavatele e sbollentatele per 15 minuti. Lasciatele raffreddare e tenete da parte.

Dedicatevi ora alla pastella. In una terrina sciogliete il lievito nell'acqua e aggiungete poco alla volta la farina. Mescolate con una frusta fino a ottenere una pastella ben liscia. Regolate di sale. Coprite con pellicola per alimenti e fate lievitare per un'ora. In alternativa potete preparare una pastella senza lievito usando solo farina, acqua frizzante e sale. In questo caso potrete utilizzarla subito.

Quando la pastella sarà lievitata, immergetevi le cime ricoprendole completamente, poi friggetele una alla volta nell'olio ben caldo rigirandole spesso per ottenere una doratura omogenea. A fine cottura scolatele, trasferitele su carta da cucina per eliminare l'olio in eccesso e, se volete, aggiungere altro sale.

Arancinette “abburro” e “accarne”

PORZIONI
8 persone

TEMPO DI PREPARAZIONE
35 minuti

TEMPO DI COTTURA
25 minuti

DIFFICOLTÀ
media

INGREDIENTI
- ✓ 1 litro di acqua
- ✓ 1 dado vegetale
- ✓ 85 g di burro
- ✓ 1 bustina di zafferano
- ✓ 500 g di riso Roma
- ✓ sale
- ✓ olio di semi di arachide

per la versione *abburro*
- ✓ 100 g di prosciutto cotto
- ✓ 150 g di mozzarella
- ✓ 40 g di Parmigiano Reggiano grattugiato

per la versione *accarne*
- ✓ 400 g di ragù per rosticceria (vedi la mia ricetta a p. 234)

per la lega e la panatura
- ✓ 400 ml di acqua
- ✓ 200 g di farina
- ✓ pangrattato

Preparate innanzitutto il riso. In una pentola versate l’acqua e aggiungete il dado, il burro, un po’ di sale e lo zafferano, e portate a bollore. Buttate il riso, mescolate e aspettate che il composto riprenda il bollore. Di tanto in tanto mescolate fino a quando il liquido sarà stato assorbito del tutto.
Il riso è pronto: distribuitene metà su una teglia, livellate bene e fate raffreddare completamente. Solo a quel punto potrete aggiungere il prosciutto e la mozzarella, ridotti a cubetti, e il Parmigiano.

Nella metà di riso rimanente, dopo averla distribuita su un’altra taglia, aggiungete il ragù per rosticceria, mescolate bene e fate raffreddare completamente anche questa metà.

Ora potete formare le arancinette: a quelle *abburro* darete una forma allungata dopo aver compattato una manciata di riso tra le mani; a quelle *accarne* darete invece una forma sferica. In questo modo, quando le servirete sarà facile distinguerle!

È il momento di creare la lega, cioè la base della panatura, mescolando con una frusta l’acqua con la farina. Amalgamate bene facendo attenzione che non si formino grumi.

Immergete le arancinette prima nella lega e poi nel pangrattato. A questo punto sono pronte per essere fritte nell’olio ben caldo: deve avere una temperatura di circa 170-180 °C e le arancinette devono essere completamente immerse così che si formi una crosticina uniforme. Scolatele, trasferitele su un foglio di carta da cucina per eliminare l’olio in eccesso e servite.

TUORLOROSSO

I suggerimenti di Flo

Potete preparare le arancinette in anticipo e friggerle solo quando volete servirle. Una volta panate, inoltre, potranno anche essere congelate.

Caponata di melanzane

PORZIONI
4 persone

TEMPO DI PREPARAZIONE
20 minuti

TEMPO DI COTTURA
30 minuti

DIFFICOLTÀ
bassa

INGREDIENTI
- ✓ 3 melanzane scure
- ✓ 2 cipolle bianche
- ✓ 2 coste di sedano
- ✓ capperi
- ✓ olive verdi intere
- ✓ 250 ml di passata di pomodoro
- ✓ 2 cucchiai di zucchero
- ✓ 40 ml di aceto di vino bianco
- ✓ olio e.v.o.
- ✓ sale
- ✓ olio di semi di arachide

Dopo averle lavate ed eliminato le estremità, tagliate le melanzane a fette e poi a cubetti, quindi mettetele in uno scolapasta, cosparse con del sale, e lasciatele riposare per 30 minuti coprendole con un piatto o un peso sopra per eliminare il liquido di vegetazione. Trascorso il tempo del riposo eliminate il sale in eccesso sciacquando i tocchetti sotto l'acqua e tamponandoli con un panno. Friggete in olio ben caldo. Scolate, trasferite su carta da cucina per eliminare l'olio in eccesso e salate. Tenete da parte.

Ora in una pentola fate soffriggere per qualche minuto le cipolle e il sedano, tritati, con i capperi dissalati. Coprite con acqua e fate cuocere per una decina di minuti. Aggiungete le olive verdi, precedentemente denocciolate e ridotte in pezzi, e successivamente la passata di pomodoro. Proseguire la cottura per qualche minuto.

Versate l'aceto e lo zucchero, amalgamandoli bene. Aggiungete ora le melanzane fritte tenute da parte, coprite con un coperchio e fate cuocere ancora per un minuto. Lasciate raffreddate e servite.
Questa è la versione palermitana, ma in altre zone della Sicilia si aggiungono anche peperoni, patate o altre verdure.

TUORLOROSSO

I suggerimenti di Flo

Se preparate la caponata il giorno prima, sarà ancora più buona perché tutti i sapori si fonderanno tra loro.

Bruschetta pantesca

PORZIONI
4 persone

TEMPO DI PREPARAZIONE
10 minuti

TEMPO DI COTTURA
10 minuti

DIFFICOLTÀ
bassa

INGREDIENTI
- ✓ 6-8 fette di pane
- ✓ 2 patate lessate
- ✓ 2 pomodori
- ✓ olive nere intere
- ✓ 1 cipolla rossa
- ✓ capperi
- ✓ olio e.v.o.
- ✓ sale, pepe nero
- ✓ origano

Ungete il pane con dell'olio, poi disponete le fette in una teglia e passatele in forno preriscaldato ventilato a 200 °C per circa 10 minuti, perché si tostino bene.

Nel frattempo preparate l'insalata pantesca. In una terrina capiente riducete le patate e i pomodori in cubetti. Aggiungete anche le olive, precedentemente denocciolate, la cipolla tritata e i capperi dissalati.

È il momento di condire con olio, sale, origano e del pepe macinato. Mescolate tutti gli ingredienti e tenete da parte. Quando il pane sarà pronto, fatelo intiepidire e poi distribuite su ogni fetta l'insalata pantesca. Portate in tavola.
La quantità dei vari ingredienti può variare in base ai vostri gusti, quindi preparate l'insalata pantesca come vi piace di più!

TUORLOROSSO

I suggerimenti di Flo

Non fate tostare troppo il pane altrimenti risulterebbe eccessivamente croccante o duro.

Olive schiacciate in salamoia

TEMPO DI PREPARAZIONE
40 minuti

TEMPO DI COTTURA
-

DIFFICOLTÀ
bassa

INGREDIENTI
✓ 1 kg di olive verdi

per ogni salamoia
✓ 1 litro di acqua
✓ 100 g di sale

per aromatizzare
✓ rosmarino
✓ alloro
✓ 2 spicchi d'aglio

Lavate accuratamente le olive verdi appena raccolte e schiacciatele un po' su un piano di lavoro così che si aprano leggermente, facendo però attenzione a non rompere il nocciolo.

Riponete le olive schiacciate in un barattolo. In un recipiente versate l'acqua e scioglietevi il sale. Mescolate bene e versate la salamoia nel barattolo così da ricoprire le olive. Chiudete il barattolo e riponetelo lontano dalla luce, quindi attendete 24 ore.

Passato questo tempo, scolate le olive, sciacquatele e mettetele di nuovo nel barattolo, mentre preparate una nuova salamoia sempre con le stesse dosi e proporzioni. Versatela sulle olive e mettete in dispensa per altre 24 ore. Dovrete ripetere questa operazione ogni 24 ore per 5-7 giorni o fino a quando le olive avranno perso il loro gusto amarognolo.

A quel punto siete pronti per la salamoia definitiva. In una pentola capiente portate a ebollizione l'acqua, aggiungete 100 g di sale e fatelo sciogliere. Fate raffreddare completamente. Riprendete il barattolo, eliminate la precedente salamoia, sciacquate le olive e rimettetele nel barattolo. Aggiungete del rosmarino, qualche foglia di alloro e l'aglio, e versate sulle olive ben schiacciate la salamoia ormai fredda.

Dopo qualche giorno le vostre olive saranno pronte da consumare. Con queste ora preparare le cosiddette olive *cunzate*.

TUORLO ROSSO

I suggerimenti di Flo

Potete lasciare le olive intere: in questo caso dovrete fare i risciacqui per più giorni. Assaggiatele di tanto in tanto per capire se hanno già perso il loro sapore amaro, in caso contrario proseguite finché non saranno più amarognole. Le olive in salamoia si conservano per mesi in dispensa. Basterà scolare dalla salamoia quelle da consumare e condirle a piacere.

Olive "cunzate"

TEMPO DI PREPARAZIONE
5 minuti

TEMPO DI COTTURA
-

DIFFICOLTÀ
bassa

INGREDIENTI
- ✓ olive schiacciate in salamoia
- ✓ carote
- ✓ coste di sedano
- ✓ origano
- ✓ 1 spicchio d'aglio
- ✓ olio e.v.o.
- ✓ aceto di vino bianco
- ✓ foglie di menta

Versione 1

Dopo averle ben sgocciolate dalla salamoia condite le olive con delle carote a rondelle, del sedano in tocchetti, origano e l'aglio. Aggiungete olio e aceto nelle quantità che preferite. Alla fine unite anche qualche fogliolina di menta, mescolate e portate in tavola!

Versione 2

Una volta sgocciolate, condite le olive con uno spicchio d'aglio (intero o ridotto in fettine), delle foglioline di menta, abbondante olio, aceto e infine origano. Mescolate tutto e portate in tavola. È una versione più semplice della precedente ma altrettanto appetitosa.

Cardi in pastella

PORZIONI
4 persone

TEMPO DI PREPARAZIONE
20 minuti

TEMPO DI COTTURA
25 minuti

DIFFICOLTÀ
bassa

INGREDIENTI
- ✓ 6 cardi
- ✓ il succo di 1/2 limone
- ✓ sale
- ✓ olio di semi di arachide

per la pastella
- ✓ 7 g di lievito di birra disidratato
- ✓ 300 ml di acqua
- ✓ 300 g di farina 00
- ✓ sale

Pulite innanzitutto i cardi eliminando le due estremità e successivamente i bordi con le spine e i filamenti esterni, più duri. Riducete ogni gambo a metà. Lavateli accuratamente sotto acqua fredda corrente.

In una pentola versate abbondante acqua. Portate a bollore, salate e aggiungete il succo di limone: in questo modo le verdure non anneriranno. Immergetevi i cardi e cuocete per circa 20 minuti. Scolate e fate raffreddare completamente.

Preparate ora la pastella: in una terrina sciogliete il lievito di birra nell'acqua a temperatura ambiente. Incorporate poco per volta la farina, lavorando energicamente con una frusta così da eliminare eventuali grumi. Aggiungete anche un pizzico di sale. Quando avrete ottenuto una pastella ben liscia coprite con pellicola per alimenti e fate lievitare per un'ora.

Trascorso questo tempo, immergete nella pastella i cardi freddi, singolarmente o 2-3 alla volta, così da ricoprirli completamente. Friggeteli nell'olio ben caldo. Una volta pronti, scolateli e trasferiteli su un foglio di carta da cucina per eliminare l'olio in eccesso. Regolate di sale e servite.

Caponata di carciofi

PORZIONI
4 persone

TEMPO DI PREPARAZIONE
20 minuti

TEMPO DI COTTURA
30 minuti

DIFFICOLTÀ
bassa

INGREDIENTI
- ✓ 4 carciofi
- ✓ limoni
- ✓ 1 cipolla bianca
- ✓ 1 costa di sedano
- ✓ capperi
- ✓ olive verdi intere
- ✓ 500 ml di passata di pomodoro
- ✓ 2 cucchiai di zucchero
- ✓ 40 ml di aceto di vino bianco
- ✓ olio e.v.o.

Pulite i carciofi staccando le foglie esterne più dure e tagliando le punte di quelle rimanenti così da eliminare le spine. Ripulite il gambo, quindi dividete a metà e poi in quarti i carciofi e rimuovete il fieno interno e le foglie più piccole che contengono ancora delle spine.
Dagli spicchi così ottenuti ricavate delle fettine più sottili e immergetele in una terrina con acqua e il succo del limone, che impedirà alla verdura di annerire. Tenete da parte.

In una pentola fate soffriggere in un po' di olio la cipolla, tritata finemente, con il sedano e i capperi, dopo averli dissalati o sciacquati, se sottaceto. Quando gli ingredienti inizieranno ad ammorbidirsi aggiungete anche i carciofi tenuti da parte, ben scolati.

Dopo un paio di minuti versate a filo dell'acqua sui carciofi e fate cuocere con il coperchio fino a quando iniziano ad ammorbidirsi. Adesso potete aggiungere le olive, precedentemente denocciolate e ridotte in pezzi, e la passata di pomodoro, mescolando per amalgamare bene.

Infine, potete incorporare gli ingredienti che doneranno alla caponata il tipico sapore agrodolce: zucchero e aceto! Fate proseguire la cottura ancora per qualche minuto e la caponata di carciofi sarà pronta.

TVORLOROSSO

I suggerimenti di Flo

Per donare un tocco ancora più siciliano al piatto potete aggiungere anche uvetta e pinoli. L'uvetta, o "passolina", andrà unita al soffritto, mentre i pinoli tostati come ultimo ingrediente a cottura ultimata.

Panelle siciliane

PORZIONI
6 persone

TEMPO DI PREPARAZIONE
60 minuti

TEMPO DI COTTURA
50 minuti

DIFFICOLTÀ
media

INGREDIENTI
- ✓ 1,5 litri di acqua
- ✓ 500 g di farina di ceci
- ✓ 2 cucchiaini di sale
- ✓ pepe nero
- ✓ prezzemolo
- ✓ semi di finocchio
- ✓ olio di semi di arachide

In una pentola capiente versate l'acqua e unitevi la farina di ceci setacciata. Iniziate a mescolare con una frusta, a fiamma spenta, fino a quando tutta la farina sarà stata incorporata. Aggiungete sale e pepe e ponete sul fuoco, cuocendo a fiamma media per una decina di minuti e abbassandola poi al minimo, sempre mescolando. Vedrete il composto prendere via via consistenza. Diventerà sempre più difficile lavorarlo ma continuate così per almeno 30-35 minuti. Questo passaggio è fondamentale perché il composto risulti ben asciutto e non troppo umido.

Quando inizierà a staccarsi dal bordo della pentola potete aggiungere del prezzemolo e dei semi di finocchio (ma, se non li gradite, potete non metterli), incorporandoli bene.

Trasferite il composto in uno stampo per plumcake, rivestito con carta da forno, livellate e fate raffreddare completamente a temperatura ambiente per 4-5 ore.

Trascorso il tempo di riposo potete estrarre il composto dallo stampo e tagliarlo a fette formando così le vostre panelle. Friggetele in olio ben caldo fino a doratura. Passatele su un foglio di carta da cucina per eliminare l'olio in eccesso e regolate di sale. Sono pronte da consumare ben calde.

TVORLOROSSO

I suggerimenti di Flo

Cuocere a lungo il composto e farlo raffreddare completamente sono i segreti per evitare che le panelle si sfaldino durante la frittura.
Una volta il composto delle panelle si stendeva su dei piani di marmo o delle tavolette di legno. In alternativa, potete versare delle cucchiaiate di impasto su dei piatti bagnati, livellare e far raffreddare. Mi raccomando: siate velocissimi, il composto si secca molto velocemente!

"Crocchè" palermitane

PORZIONI
6 persone

TEMPO DI PREPARAZIONE
20 minuti

TEMPO DI COTTURA
45 minuti

DIFFICOLTÀ
media

INGREDIENTI
- ✓ 1 kg di patate
- ✓ sale
- ✓ pepe nero
- ✓ menta o prezzemolo (facoltativo)
- ✓ olio di semi di arachide

Per prima cosa lessate le patate intere in abbondante acqua salata o cuocetele al microonde a 750 W, bucherellando la superficie, fino a quando saranno pronte. In alternativa, potete cuocerle al vapore. Con uno schiacciapatate riducetele in purea e condite con sale e pepe. Aggiungete delle foglie di menta tritate o di prezzemolo, se lo preferite. Amalgamate con una forchetta.

Formate ore le crocchette: prendete una manciata di impasto e, roteandola tra le mani, datele la forma allungata tipica delle *crocchè*. Disponetele su un piatto, copritele con un foglio di carta da cucina o un canovaccio e fate riposare in frigorifero per almeno un paio d'ore, meglio ancora se per una notte intera.

Dopo il riposo, non resta che friggere le *crocchè* nell'olio caldo, immerse completamente. Friggete finché saranno dorate, scolatele e trasferitele su un foglio di carta da cucina per eliminare l'olio in eccesso. Regolate di sale e portate in tavola.

TUORLO ROSSO

I suggerimenti di Flo

Usate patate vecchie o patate a pasta gialla: il segreto perché le *crocchè* non si aprano durante la frittura è innanzitutto la patata utilizzata, che deve avere una polpa ben compatta. Tuffatele poi nell'olio bollente e il gioco è fatto! Se notate che il composto è troppo morbido aggiungete un paio di cucchiai di fecola di patate: assorbirà l'umidità in eccesso.

Le curiosità di Flo

Le *crocchè* sono tipiche di Palermo, dove vengono chiamate anche *cazzilli*.

Rascature

TEMPO DI PREPARAZIONE
10 minuti

TEMPO DI COTTURA
5 minuti

DIFFICOLTÀ
bassa

INGREDIENTI
- ✓ avanzi di panelle
- ✓ avanzi di *crocchè*
- ✓ cipolla bianca
- ✓ aromi a piacere (prezzemolo, mentuccia, erbe aromatiche)
- ✓ olio di semi di arachide

Dopo aver terminato la preparazione delle panelle, vi accorgerete che parte del composto resta attaccato alle pareti della pentola. Con un cucchiaio di legno raschiatelo (da questo gesto deriva il termine *rascatura*) e mettetelo in una terrina. Trattandosi di una ricetta "di riciclo", possono essere aggiunte anche delle panelle e/o delle *crocchè* avanzate da preparazioni precedenti, purché non siano state fritte.

Tritate finemente un po' di cipolla e aggiungetela al resto degli ingredienti a vostra disposizione. Potrete aromatizzare le rascature a piacere.

Mescolate il tutto, aiutandovi con una forchetta. Ungetevi le mani, prelevate una manciata di composto e dategli una forma allungata Non resta che friggere ogni pezzo in olio ben caldo. Fate dorare, quindi trasferite su carta da cucina e scolatele bene per eliminare l'olio in eccesso. Servite le rascature calde.

Ricotta fritta

PORZIONI
-

TEMPO DI PREPARAZIONE
20 minuti

TEMPO DI COTTURA
5 minuti

DIFFICOLTÀ
bassa

INGREDIENTI
✓ ricotta di pecora
✓ farina di semola di grano duro rimacinata
✓ olio e.v.o.

Per prima cosa fate scolare bene la ricotta, tenendola anche una notte in frigorifero: è importante che sia ben asciutta affinché sia facile ottenere delle fette che non si rompono. Se non avete della ricotta di pecora potete usare quella vaccina.

Trascorso questo tempo, riprendete la ricotta ormai ben scolata e tagliatela a fette, che passerete nella semola. Eliminate quella in eccesso scuotendola delicatamente.

In una padella fate scaldare l'olio e friggete le fette di ricotta per qualche minuto a fiamma media, rigirando le fette così da farle dorare in maniera uniforme.

Scolate le fette, adagiatele su un foglio di carta da cucina per eliminare l'olio in eccesso e servite quando sono ancora calde.

Crocchette di latte

PORZIONI
6 persone

TEMPO DI PREPARAZIONE
20 minuti

TEMPO DI COTTURA
10 minuti

DIFFICOLTÀ
bassa

INGREDIENTI
✓ 500 ml di latte
✓ 100 g di farina 00
✓ noce moscata
✓ 50 g di burro
✓ 40 g di Parmigiano Reggiano grattugiato
✓ sale, pepe
✓ olio di semi di arachide

per la lega
✓ 300 ml di acqua
✓ 150 g di farina 00

per la panatura
✓ pangrattato

Per prima cosa preparate la besciamella. In una casseruola sul fuoco a fiamma spenta versate il latte e aggiungetevi la farina, mescolando con una frusta perché non si formino grumi. Aggiungete sale, pepe e una grattata di noce moscata, poi il burro. Accendete il fuoco e fate cuocere a fiamma media. Mescolate continuamente fino a quando il burro si sarà sciolto e la besciamella inizierà ad addensarsi. Spegnete il fuoco e aggiungete il formaggio, mescolando per incorporarlo bene.

Distribuite la besciamella in una pirofila o una teglia, stendendola con il dorso di un cucchiaio. Coprite a contatto con pellicola per alimenti e fate raffreddare a temperatura ambiente.

Quando la besciamella sarà ben fredda e compatta preparate la lega, che servirà per la panatura. In una terrina mescolate con una frusta l'acqua con la farina fino a ottenere una pastella liscia e senza grumi.

Riprendete la besciamella ormai solidificata, con un coltello ricavatene dei tocchetti ai quali, con le mani, darete la forma allungata tipica delle crocchette. Passate ogni tocchetto nella lega, sgocciolando bene, e poi nel pangrattato.

Friggete in olio ben caldo fino a doratura. Scolate, passate su un foglio di carta da cucina per eliminare l'olio in eccesso e servite quando sono ancora calde ma non bollenti.

TUORLOROSSO

I suggerimenti di Flo

A fine cottura potete aggiungere alla besciamella dei tocchetti di prosciutto, formaggio o erbe aromatiche, così da rendere le crocchette di latte ancora più sfiziose. Dopo la panatura queste crocchette possono essere congelate: disponetele su un vassoio e mettetele in frigorifero fino a quando saranno ben sode. A quel punto potete trasferirle in sacchetti per alimenti e conservarle nel freezer fino al momento di utilizzarle.

Primi

Pasta con salsiccia, melanzane e pesto di menta

PORZIONI
4 persone

TEMPO DI PREPARAZIONE
20 minuti

TEMPO DI COTTURA
20 minuti

DIFFICOLTÀ
bassa

INGREDIENTI
per il pesto di menta
- ✓ 35 foglie di menta
- ✓ 30 g di pinoli
- ✓ 35 g di olio e.v.o.
- ✓ sale, pepe

- ✓ 2 melanzane scure
- ✓ 2 spicchi d'aglio
- ✓ 500 g di salsiccia
- ✓ 350 g di pomodorini
- ✓ 300 g di pasta
- ✓ olio e.v.o.
- ✓ sale
- ✓ olio di semi di arachide

Prima di tutto preparate il pesto di menta. Lavate le foglioline, asciugatele tamponandole con un canovaccio, poi mettetele in un frullatore o un mixer insieme ai pinoli, all'olio e a un'aggiunta di sale e pepe. Frullate con scatti brevi e ripetuti. Fermatevi quando avrete ottenuto un pesto di menta della consistenza desiderata. Tenete da parte.

Adesso preparate le melanzane. Lavatele, eliminate le estremità e riducetele prima in fette e poi in cubetti. Disponeteli in uno scolapasta, cospargeteli con del sale, coprite con un piatto o con un peso e fate riposare per 30 minuti così che perdano l'acqua di vegetazione e il loro retrogusto amaro.

Finito il tempo di riposo, sciacquate le melanzane per togliere il sale in eccesso e tamponatele con un canovaccio. Potete ora friggere i cubetti in abbondante olio ben caldo. Quando saranno dorati scolateli, trasferiteli su un foglio di carta da cucina per eliminare l'olio in eccesso e quindi regolate di sale.

In una padella fate soffriggere l'aglio con dell'olio e mettetevi la salsiccia già sgranata. Fate rosolare per un paio di minuti a fuoco medio, poi unite i pomodorini, già lavati e ridotti a metà o in quarti. Fate cuocere per 10 minuti. Potete ora aggiungere anche i cubetti di melanzana appena fritti.

Nel frattempo in una pentola fate bollire l'acqua, aggiungete il sale e buttatevi la pasta (del formato che preferite), scolatela al dente e incorporatela al condimento. Fate saltare a fuoco vivo per un minuto circa. A fiamma spenta, aggiungete il pesto di menta già preparato e, per un risultato più cremoso, un po' dell'acqua di cottura della pasta. Servite ben caldo.

TUORLOROSSO

I suggerimenti di Flo

In alternativa al pesto di menta potete usare semplicemente delle foglioline di menta, che aggiungerete al condimento quando è pronto. Questo piatto è un'ottima idea anche nella versione fredda!

Pasta con pesce spada

PORZIONI
4 persone

TEMPO DI PREPARAZIONE
20 minuti

TEMPO DI COTTURA
20 minuti

DIFFICOLTÀ
bassa

INGREDIENTI
- ✓ 2 melanzane
- ✓ 200 g di pomodorini
- ✓ 1 fetta di pesce spada (300 g circa)
- ✓ 2 spicchi d'aglio
- ✓ 300 g di pasta formato casarecce
- ✓ olio e.v.o.
- ✓ olio di semi di arachide
- ✓ sale, pepe
- ✓ foglie di menta

Innanzitutto lavate e mondate le melanzane, quindi tagliatele a fette e poi a tocchetti, disponeteli in uno scolapasta e cospargete con del sale. Mettete sopra un piatto o un peso perché rilascino l'acqua di vegetazione. Fate riposare per 30 minuti.

Trascorso questo tempo, sciacquate i tocchetti per togliere il sale in eccesso, tamponateli delicatamente con un canovaccio, quindi friggeteli nell'olio di semi ben caldo. Una volta dorati, trasferite i cubetti su un foglio di carta da cucina per eliminare l'olio in eccesso e regolate di sale.

Dopo averli lavati, riducete i pomodorini a metà e il pesce spada in cubetti. In una padella fate soffriggere l'aglio con dell'olio e rosolatevi il pesce spada. Non cuocete troppo a lungo per evitare che diventi secco e stopposo.

Dopo circa un paio di minuti aggiungete i pomodorini, regolate di sale e, se lo gradite, una macinata di pepe. Quando i pomodorini saranno cotti unite le melanzane fritte e fate saltare ancora per qualche minuto aggiungendo, alla fine, la menta.

Nel frattempo cuocete la pasta. Scolatela al dente e unitela al condimento nella padella. Fate saltare per un paio di minuti a fuoco vivace e servite.

Pasta "c'anciova"

PORZIONI
2 persone

TEMPO DI PREPARAZIONE
10 minuti

TEMPO DI COTTURA
15 minuti

DIFFICOLTÀ
bassa

INGREDIENTI
- ✓ 1 spicchio d'aglio
- ✓ 2 filetti di acciuga
- ✓ 30 g di concentrato di pomodoro
- ✓ 200 g di spaghetti (oppure bucatini o margherita)
- ✓ 40 g di *muddica atturrata* (vedi la mia ricetta a p. 240)
- ✓ olio e.v.o.
- ✓ sale, pepe
- ✓ pinoli, uva "passolina" (facoltativi)

In una padellina fate rosolare l'aglio e aggiungetevi le acciughe, mescolando continuamente fino a farle sciogliere. Versate un bicchiere circa d'acqua e il concentrato di pomodoro (o di *astrattu*, ovvero un concentrato di pomodoro fatto in casa). Salate e pepate in base ai vostri gusti.

Proseguite la cottura fino a quando la vostra salsa avrà raggiunto una consistenza più densa. A questo punto eliminate lo spicchio d'aglio (in questa fase potete aggiungere pinoli e "passolina", messa in ammollo per 10 minuti e poi strizzata: così prevede la più antica tradizionale palermitana!).

Nel frattempo cuocete la pasta (meglio se bucatini o margherita), scolatela al dente, aggiungetela al sugo nella padella e fate saltare per un minuto. Servite cospargendo della *muddica atturrata*.

Pasta con i broccoli "arriminati"

PORZIONI
4 persone

TEMPO DI PREPARAZIONE
20 minuti

TEMPO DI COTTURA
40 minuti

DIFFICOLTÀ
bassa

INGREDIENTI
- ✓ 600 g di broccoli
- ✓ uva "passolina"
- ✓ 1 cipolla bianca
- ✓ 3 filetti di acciuga
- ✓ pinoli
- ✓ 1 bustina di zafferano
- ✓ 300 g di bucatini
- ✓ 40 g di *muddica atturrata* (vedi la mia ricetta a p. 240)
- ✓ olio e.v.o.
- ✓ sale, pepe

Pulite per prima cosa i broccoli e riduceteli in cimette. Dopo averle lavate sotto acqua fredda corrente, lessatele in acqua salata. Una volta cotte, scolatele e tenetele da parte, conservando anche un po' d'acqua di cottura del broccolo, mentre in quella rimanente cuocerete la pasta. In questo modo il sapore del piatto sarà ancora più intenso.

Nel frattempo mettete in ammollo l'uvetta per circa 10 minuti. Tritate la cipolla e soffriggetela in una padella con dell'olio. Unite i filetti di acciuga e mescolate velocemente così da farli sciogliere completamente. Versate un po' dell'acqua di cottura dei broccoli tenuta da parte prima per fare cuocere bene la cipolla.

Dopo qualche minuto aggiungete la "passolina", ben strizzata, i pinoli e lo zafferano. Aggiungete anche il broccolo e schiacciatelo con un cucchiaio di legno. Regolate di sale e pepe, se necessario. Fate cuocere per qualche minuto.

Cuocete la pasta nell'acqua di cottura del broccolo tenuta da parte. Quando sarà al dente, scolatela e trasferitela nella padella del condimento. Fate saltare il tutto per qualche minuto e quindi portate in tavola completando il piatto con una manciata di pangrattato tostato, ovvero, come viene chiamato in Sicilia, di *muddica atturrata*.

TUORLOROSSO

I suggerimenti di Flo

Potete sostituire la bustina di zafferano con qualche cucchiaino di concentrato di pomodoro.
Io ho utilizzato il classico broccolo palermitano, ma si può scegliere qualsiasi tipo di broccolo o cavolfiore: il risultato finale sarà comunque ottimo.

Pasta con i tenerumi

PORZIONI
2 persone

TEMPO DI PREPARAZIONE
20 minuti

TEMPO DI COTTURA
20 minuti

DIFFICOLTÀ
bassa

INGREDIENTI
- ✓ 1 mazzo di tenerumi
- ✓ 1/3 di zucchina lunga
- ✓ 1 spicchio d'aglio
- ✓ 400 g di polpa di pomodoro
- ✓ 150 g di spaghetti tagliati
- ✓ olio e.v.o.
- ✓ sale

Mondate innanzitutto i tenerumi. Tagliate le foglie e lavatele con acqua fredda corrente per eliminare tutti i residui di terra, quindi tagliateli in pezzi più piccoli. Pelate poi la zucchina e riducetela a dadini. Portate a ebollizione dell'acqua in una pentola ben capiente, salate e quindi immergetevi le verdure.

Nel frattempo preparate il cosiddetto *picchi pacchi*. In una pentola fate soffriggere l'aglio tritato e aggiungete la polpa di pomodoro. Regolate di sale e fate cuocere fino a quando il sughetto si sarà ristretto.

Dopo una decina di minuti la zucchina si sarà ammorbidita e potrete aggiungere gli spaghetti tagliati. Quando la pasta sarà quasi cotta eliminate l'acqua di cottura in eccesso, e aggiungete il *picchi pacchi* preparato prima. In alternativa potreste aggiungere qualche mestolo di salsa di pomodoro o non aggiungere nulla e consumare il piatto in bianco. Fate cuocere ancora per qualche minuto e poi servite con un filo d'olio.

Pasta con pesto alla siciliana

PORZIONI
4 persone

TEMPO DI PREPARAZIONE
20 minuti

TEMPO DI COTTURA
13 minuti

DIFFICOLTÀ
bassa

INGREDIENTI
- ✓ 2 melanzane scure
- ✓ 300 g di fusilli
- ✓ 1 dose di pesto alla siciliana (vedi la mia ricetta a p. 242)
- ✓ olio di semi di arachide
- ✓ sale
- ✓ basilico (facoltativo)

Private le melanzane delle estremità, lavatele, tagliatele a fette e poi in cubetti. Metteteli in uno scolapasta, cospargeteli con del sale, coprite con un piatto sul quale avrete messo un peso e fate riposare per 30 minuti. In questo modo perderanno parte del liquido di vegetazione e quindi il loro retrogusto amaro.

Terminato il tempo di riposo sciacquateli per eliminare il sale in eccesso e tamponate con un canovaccio. Friggete in olio di caldo. Scolate, trasferite su un foglio di carta da cucina per eliminare l'olio in eccesso e regolate di sale.

Cuocete la pasta in acqua salata portata a ebollizione e scolatela al dente. Trasferitela in una terrina e condite con il pesto alla siciliana e le melanzane fritte. Mescolate e servite subito.

Per rendere il piatto ancora più profumato potete aggiungere delle foglie di basilico.

Sformato di riso "abburro"

PORZIONI
6 persone

TEMPO DI PREPARAZIONE
20 minuti

TEMPO DI COTTURA
45 minuti

DIFFICOLTÀ
bassa

INGREDIENTI
- ✓ 1 litro di acqua
- ✓ 85 g di burro
- ✓ 1 dado vegetale
- ✓ 1 bustina di zafferano
- ✓ 500 g di riso
- ✓ sale
- ✓ pangrattato
- ✓ burro

per il ripieno
- ✓ 200 g di mozzarella a dadini
- ✓ 120 g di prosciutto cotto
- ✓ 300 ml di besciamella "facile" (vedi la mia ricetta a p. 236)
- ✓ prezzemolo

In una pentola fate scaldare l'acqua e aggiungete il burro, un po' di sale, il dado vegetale e la bustina di zafferano. Fate cuocere a fiamma media fino a quando il composto arriverà a bollore. A questo punto aggiungete il riso, mescolate e attendete che il liquido riprenda il bollore. Di tanto in tanto mescolate e proseguite la cottura fino a quando il liquido sarà stato assorbito. Tenete da parte.

Nel frattempo dedicatevi al ripieno. In una terrina mescolate la mozzarella con il prosciutto a listarelle e la besciamella. (Per la versione *accarne* si può usare per il ripieno del ragù per rosticceria: vedi la mia ricetta a p. 234.)

Ungete una pirofila con del burro e aggiungete metà del riso, così da coprirne il fondo e i bordi. Distribuitevi il ripieno, livellate e coprite con il rimanente riso. Cospargete la superficie con del pangrattato e aggiungete dei cubetti di burro. Cuocete in forno preriscaldato a 180 °C per 20 minuti. Una volta sfornato, fate intiepidire e servite.

Pasta con funghi, salsiccia e pesto di pistacchi

PORZIONI
4 persone

TEMPO DI PREPARAZIONE
20 minuti

TEMPO DI COTTURA
25 minuti

DIFFICOLTÀ
bassa

INGREDIENTI

per il pesto di pistacchi

- ✓ 150 g di pistacchi tostati e non salati
- ✓ 60 g di olio e.v.o.
- ✓ sale, pepe

- ✓ 350 g di salsiccia
- ✓ 1 spicchio d'aglio
- ✓ 300 g di fusilli
- ✓ 600 g di funghi champignon
- ✓ olio e.v.o.
- ✓ sale, pepe

Preparate innanzitutto il pesto di pistacchi. In un mixer mettete i pistacchi sgusciati. Versate anche l'olio e successivamente sale e pepe nella quantità che preferite. Iniziate a frullare fino a quando avrete ottenuto un pesto liscio e omogeneo. Tenete da parte.

Ora dedicatevi alla salsiccia. Sgranatela e tagliatela in piccoli pezzi. Adesso in una padella fate soffriggere l'aglio con dell'olio e aggiungete la salsiccia. Dopo un paio di minuti potete unire anche i funghi, già lavati e tagliati a fettine. Regolate di sale e pepe.

Nel frattempo cuocete la pasta in acqua salata, scolandola quando è ancora al dente. Tenete da parte un po' dell'acqua di cottura. Trasferite la pasta nella padella con il condimento e fate saltare per un paio di minuti. A fiamma spenta aggiungete il pesto di pistacchi e qualche cucchiaio dell'acqua di cottura della pasta tenuta da parte.

Mescolate bene per fare in modo che il pesto ricopra tutta la pasta. Potete servire il piatto quando è ben caldo.

TUORLOROSSO

I suggerimenti di Flo

Il pesto di pistacchi può essere sostituito con del pesto di basilico. In alternativa alla salsiccia, invece, potete utilizzare della carne tritata di maiale.

Pasta con le zucchine fritte

PORZIONI
4 persone

TEMPO DI PREPARAZIONE
20 minuti

TEMPO DI COTTURA
40 minuti

DIFFICOLTÀ
bassa

INGREDIENTI
✓ 1 zucchina bianca siciliana
✓ 300 g di spaghetti (oppure bucatini o margherita)
✓ olio e.v.o.
✓ sale
✓ formaggio grattugiato a piacere

Lavate e pelate la zucchina, poi tagliatela in fettine dello spessore che preferite. Friggetele rigorosamente in olio e.v.o. perché questo verrà utilizzato anche per condire la pasta e non soltanto per la frittura. Dopo aver fritto tutta la zucchina, che dovrà dorarsi, eliminate metà dell'olio e tenete da parte le fettine di zucchina.

Cuocete nel frattempo in acqua bollente e salata il formato di pasta che avete scelto e scolatela quando sarà pronta. Trasferitela nella padella con l'olio tenuto da parte. Aggiungete anche le zucchine e fate saltare il tutto.

Servite con un'abbondante spolverizzata del formaggio che preferite.

Pasta alla carrettiera

PORZIONI
4 persone

TEMPO DI PREPARAZIONE
10 minuti

TEMPO DI COTTURA
15 minuti

DIFFICOLTÀ
bassa

INGREDIENTI
- ✓ 1 spicchio d'aglio
- ✓ peperoncino
- ✓ 6 filetti di acciuga
- ✓ prezzemolo tritato
- ✓ 300 g di spaghetti
- ✓ pecorino
- ✓ 80 g di *muddica atturrata* (vedi la mia ricetta a p. 240)
- ✓ olio e.v.o.

Fate soffriggere l'aglio intero in abbondante olio. Dopo un minuto circa aggiungete del peperoncino e le acciughe, mescolando per farle sciogliere. Unite anche del prezzemolo.

Nel frattempo fate cuocere gli spaghetti in abbondante acqua salata. Quando saranno cotti, scolateli e versateli direttamente nella padella con il condimento, privato dello spicchio d'aglio. Fate saltare a fuoco vivace per un minuto circa.

Non resta che impiattare e condire con del pecorino e la *muddica atturrata*.

Aglio e peperoncino possono essere tenuti interi e rimossi prima di aggiungere la pasta oppure potete tritarli finemente e mantenerli nel condimento. La loro quantità può variare in base ai vostri gusti.

Pasta con le sarde

PORZIONI
4 persone

TEMPO DI PREPARAZIONE
20 minuti

TEMPO DI COTTURA
45 minuti

DIFFICOLTÀ
bassa

INGREDIENTI
- ✓ 400 g di finocchietto
- ✓ 400 g di sarde
- ✓ 2 cipolle bianche
- ✓ 8 filetti di acciuga
- ✓ 2 bustine di zafferano
- ✓ 300 g di bucatini
- ✓ uva "passolina"
- ✓ pinoli
- ✓ olio e.v.o.
- ✓ sale e pepe
- ✓ *muddica atturrata* (vedi la mia ricetta a p. 240)

Per prima cosa lavate il finocchietto e cuocetelo per pochi minuti in acqua bollente. Non appena sarà pronto, strizzatelo e tritatelo al coltello. Tenete da parte l'acqua di cottura.

Ora ripulite le sarde privandole di testa, coda e lisca centrale e tagliandole in pezzi. In una padella fate soffriggere le cipolle con dell'olio per un paio di minuti. Aggiungete i filetti di acciuga e fateli sciogliere.

Stemperate ora lo zafferano in un po' di acqua calda e versatela sulla cipolla appena soffritta. Dopo un paio di minuti aggiungete un po' di "passolina" e di pinoli, nelle quantità che preferite. Unite ora il finocchietto e qualche mestolo della sua acqua di cottura. È il momento di mettere anche le sarde. Regolate di sale e pepe.

Nel frattempo, nell'acqua di cottura del finocchietto tenuta da parte fate cuocere la pasta. Quando sarà al dente scolatela e trasferitela nella padella con il condimento. Fate saltare per un altro minuto e terminate con un filo d'olio.

Impiattate completando con la *muddica atturrata* questo piatto della tradizione, che si prepara il 19 marzo per la festa di san Giuseppe.

TUORLOROSSO

La variante di Flo

Esiste una versione di questo piatto anche senza le sarde, la cosiddetta "pasta con le sarde a mare", così chiamata per sottolineare con un po' di ironia l'assenza di questo ingrediente: le sarde, infatti, sono rimaste nel mare! In questo caso il procedimento rimane esattamente lo stesso. Semplicemente... non metterete le sarde.

Pasta alla Norma

PORZIONI
4 persone

TEMPO DI PREPARAZIONE
20 minuti

TEMPO DI COTTURA
40 minuti

DIFFICOLTÀ
bassa

INGREDIENTI
- ✓ 2 melanzane scure
- ✓ 700 g di passata di pomodoro
- ✓ 10 foglie di basilico
- ✓ 300 g di rigatoni
- ✓ 2 spicchi d'aglio
- ✓ olio di semi di arachide
- ✓ olio e.v.o.
- ✓ sale
- ✓ ricotta salata

Preparate innanzitutto le melanzane. Lavatele, eliminate le estremità, tagliatele a fettine e poi a cubetti. Poneteli in uno scolapasta, cospargendoli con del sale, coperti da un piatto o da un peso perché la melanzana rilasci il liquido di vegetazione e con esso il retrogusto amaro. Fate riposare per almeno 30 minuti.

Trascorso questo tempo sciacquate i cubetti per eliminare il sale, tamponatele con un canovaccio e friggeteli in abbondante olio di semi caldo. Trasferite le melanzane su un foglio di carta da cucina per eliminare l'olio in eccesso e salate.

Mettete a cuocere la pasta e, nel frattempo, in una padella fate soffriggere l'aglio con dell'olio e.v.o. e versate la passata di pomodoro. Regolate di sale e cuocete a fiamma media. Dopo un paio di minuti aggiungete parte del basilico e proseguite la cottura fino a quando avrete ottenuto un sugo denso. Eliminate l'aglio e aggiungete i cubetti di melanzana fritti, tenendone da parte un po' per la decorazione finale.

Scolate la pasta al dente e trasferitela nella padella. Fate cuocere per un paio di minuti. Impiattate decorando con i cubetti di melanzane tenuti da parte, la ricotta salata grattugiata e il basilico avanzato.

Per un sapore più intenso potete mettere della ricotta salata grattugiata anche al sugo poco prima di aggiungervi la pasta.

OLIO

Anelletti al forno

PORZIONI
8 persone

TEMPO DI PREPARAZIONE
30 minuti

TEMPO DI COTTURA
2 ore

DIFFICOLTÀ
bassa

INGREDIENTI

per il ragù alla siciliana

- ✓ soffritto già pronto
- ✓ 1 foglia di alloro
- ✓ 500 g di carne tritata (di vitello o di vitello e maiale)
- ✓ vino rosso
- ✓ concentrato di pomodoro
- ✓ 700 ml di passata di pomodoro
- ✓ 250 g di pisellini
- ✓ sale, pepe
- ✓ noce moscata
- ✓ olio e.v.o.

- ✓ 600 g di anelletti
- ✓ caciocavallo grattugiato
- ✓ 4 uova sode
- ✓ 2 melanzane a tocchetti, già fritti
- ✓ 300 g di formaggio fresco o mozzarella
- ✓ pangrattato

Preparate innanzitutto il ragù alla siciliana. Fate rosolare il soffritto (cipolla, sedano e carota tritati, dosi a piacere) con dell'olio. Aggiungete anche l'alloro e la carne tritata, a vostra scelta. Regolate di sale, pepe e noce moscata e, quando la carne sarà cotta, sfumate con un po' di vino. Lasciate evaporare.

Aggiungete ora il concentrato e poi la passata di pomodoro, e fate cuocere il ragù a fiamma molto bassa per almeno un'ora. Trascorso questo tempo incorporatevi i pisellini e proseguite la cottura fino a quando il sugo si sarà ben ristretto.

Cuocete gli anelletti per circa 5-6 minuti in abbondante acqua salata portata a ebollizione. Scolateli e trasferiteli in una terrina. Aggiungete circa metà del ragù e mescolate.

In una teglia unta con olio e cosparsa con pangrattato create uno strato di anelletti utilizzandone circa la metà, spolverizzate con del caciocavallo, aggiungete le uova sode tagliate a fettine, un po' di tocchetti di melanzana fritti e del formaggio fresco o della mozzarella a fettine. Coprite con gli anelletti rimanenti.

Sulla superficie aggiungete altri cubetti di melanzana, altro formaggio in pezzi e coprite con il ragù rimasto. Dopo un'ultima spolverizzata di caciocavallo grattugiato mettete a cuocere in forno preriscaldato ventilato a 180 °C per circa 40 minuti. Lasciate intiepidire prima di servire.

TUORLO ROSSO

I suggerimenti di Flo

Se la superficie della pasta dovesse gratinarsi troppo velocemente, durante la cottura copritela con un foglio di alluminio per alimenti, che rimuoverete poi negli ultimi minuti prima di spegnere il forno. Spesso, per un tocco di sapore in più, si aggiunge anche il cosiddetto *pezzame*, ovvero ritagli di salumi misti.

Secondi

Involtini di pesce spada

PORZIONI
4 persone

TEMPO DI PREPARAZIONE
20 minuti

TEMPO DI COTTURA
15 minuti

DIFFICOLTÀ
bassa

INGREDIENTI
- ✓ 1 cipolla bianca
- ✓ capperi (sotto sale o in salamoia)
- ✓ 150 g di pesce spada (per il ripieno)
- ✓ uva "passolina" e pinoli
- ✓ pangrattato
- ✓ il succo di 1 limone
- ✓ 12 fettine sottili di pesce spada
- ✓ foglie di alloro
- ✓ 1 limone e 1 arancia non trattati
- ✓ olio e.v.o.
- ✓ sale, pepe

Tritate finemente la cipolla e fatela rosolare in una padella con dell'olio. Aggiungete dei capperi (interi o tritati) e il pesce spada per il ripieno, tritato finemente al coltello. Cuocete ancora per qualche minuto. È il momento di unire anche i pinoli e la "passolina", già tenuta in ammollo per 10 minuti e ben strizzata.

Incorporate ora del pangrattato, regolate di sale e pepe e proseguite la cottura ancora per qualche minuto. Versate il succo di limone e mescolate fino a quando avrete ottenuto un composto sabbioso e un po' umido. Lasciate intiepidire e tenete da parte.

Su ogni fettina di pesce spada disponete al centro un paio di cucchiaiate del composto appena preparato e quindi richiudete in modo da inglobarlo all'interno. Ogni involtino così ottenuto andrà a sua volta passato dapprima in un po' di olio e poi nel pangrattato. Compattate bene con le mani per sigillare l'involtino.

Disponete gli involtini in una pirofila unta d'olio, alternandoli con foglie di alloro, fettine di limone e di arancia. Irrorate con un filo d'olio e cuocete in forno preriscaldato statico a 180 °C per circa 12-15 minuti.

TUORLO ROSSO

I suggerimenti di Flo

È importante che il pangrattato risulti umido perché così sarà più facile trattenerlo all'interno dell'involtino: "giocate", quindi, con olio e succo di limone per ottenere questo risultato!
Le fette di pesce spada devono essere molto sottili per questo tipo di preparazione. Se necessario, quindi, battetele delicatamente.

Carne "a sfincione"

PORZIONI
4 persone

TEMPO DI PREPARAZIONE
20 minuti

TEMPO DI COTTURA
40 minuti

DIFFICOLTÀ
bassa

INGREDIENTI

per il sugo
- ✓ 4 cipolle bianche medie
- ✓ 3 filetti di acciuga
- ✓ 350 g di polpa di pomodoro
- ✓ olio e.v.o.
- ✓ sale

- ✓ 4 fette di carne di vitello
- ✓ pangrattato
- ✓ caciocavallo grattugiato
- ✓ origano
- ✓ olio e.v.o.

Preparate innanzitutto il sugo. Affettate finemente le cipolle e soffriggetele in una casseruola con dell'olio. Aggiungete i filetti di acciuga e fateli sciogliere completamente. Regolate con un po' di sale e cuocete fino a quando le cipolle inizieranno ad appassire. Solo a quel punto potete unire la polpa di pomodoro. Coprite con un coperchio e proseguite la cottura per circa 15 minuti. Tenete da parte.

Passate ora le fette di carne nell'olio e successivamente nel pangrattato. Disponetele poi su una teglia e ricopritele con il sugo appena preparato. Cospargete con altro pangrattato, caciocavallo e origano. Irrorate con un filo d'olio e infornate a 180 °C per circa 15-20 minuti. Ricordate che il tempo di cottura in forno varia a seconda dello spessore delle fette di carne. Di tanto in tanto, perciò, date un'occhiata! La carne, infatti, deve essere cotta ma risultare morbida.

"Favi cu l'ovu"

PORZIONI
2 persone

TEMPO DI PREPARAZIONE
15 minuti

TEMPO DI COTTURA
15 minuti

DIFFICOLTÀ
bassa

INGREDIENTI
✓ 1 kg di fave fresche
✓ 1 cipollotto
✓ 2 uova
✓ olio e.v.o.
✓ sale, pepe

Aprite i baccelli, staccate le fave e privatele dell'escrescenza che si trova in una delle due estremità. Se sotto l'escrescenza la fava è chiara è segno che sono state raccolte da poco; se invece hanno un colorito marroncino, significa che sono state colte da qualche giorno. In questo caso potete togliere lo strato di buccia più esterno.

Tritate il cipollotto e mettetelo a soffriggere in una casseruola con dell'olio. Unite le fave, regolate di sale e pepe e, dopo un minuto circa, copritele a filo con dell'acqua. Cuocete a fiamma media per 10 minuti circa, coprendo con un coperchio.

Quando le fave saranno quasi pronte e l'acqua di cottura assorbita, create dello spazio e rompetevi dentro le uova. Coprite con un coperchio e fate cuocere per un altro paio di minuti. Portate in tavola quando il piatto è ancora caldo.

Al posto delle fave fresche potete usare anche quelle secche. In questo caso tenetele in ammollo per alcune ore e poi fatele cuocere in una casseruola, sempre con del cipollotto tritato.

Cacio all'argentiera

PORZIONI
4 persone

TEMPO DI PREPARAZIONE
5 minuti

TEMPO DI COTTURA
5 minuti

DIFFICOLTÀ
bassa

INGREDIENTI
- ✓ 2 spicchi d'aglio
- ✓ 4 fette di caciocavallo
- ✓ aceto di vino bianco
- ✓ origano
- ✓ olio e.v.o.
- ✓ sale, pepe (facoltativo)

In una padella fate soffriggere l'aglio con dell'olio. Aggiungete le fette di caciocavallo e fate cuocere a fuoco medio per qualche minuto senza muoverle affinché si formi una crosticina. È preferibile usare del caciocavallo semistagionato o stagionato in modo che il formaggio non fonda completamente, come succederebbe con quello fresco.

Girate le fette di formaggio e cuocetele ancora per qualche minuto. Il tempo di cottura cambierà a seconda della stagionatura del formaggio che state usando.

Sfumate con un po' di aceto e proseguite la cottura per qualche minuto. Terminate spolverizzando con dell'origano e, se volete, con del pepe. Servite quando è caldo.

Per una proposta ancora più sfiziosa, potete abbinare al caciocavallo un uovo all'occhio di bue (usando la stessa padella in cui avete cotto il formaggio).

Carciofi con la tappa dell'uovo

PORZIONI
4 persone

TEMPO DI PREPARAZIONE
20 minuti

TEMPO DI COTTURA
40 minuti

DIFFICOLTÀ
bassa

INGREDIENTI
- ✓ 4 carciofi
- ✓ il succo di 1 limone
- ✓ olio e.v.o.

per il ripieno
- ✓ 60 g di pangrattato
- ✓ 40 g di pecorino
- ✓ 2 spicchi d'aglio
- ✓ prezzemolo tritato
- ✓ olio e.v.o.
- ✓ sale, pepe

per il tappo
- ✓ 2 uova
- ✓ pecorino grattugiato
- ✓ prezzemolo tritato
- ✓ sale

per il sugo
- ✓ 1 spicchio d'aglio
- ✓ 100 g di concentrato di pomodoro
- ✓ 1 litro di acqua
- ✓ olio e.v.o.
- ✓ sale

Per prima cosa accorciate i gambi dei carciofi, eliminate le foglie più esterne e tagliate a metà quelle rimanenti. Ripulite quindi il gambo e, con la punta del coltello, scavate la parte centrale del carciofo così da togliere le foglie più piccole, che contengono ancora delle spine, e la barba. Immergete quindi i carciofi puliti in una terrina con acqua e il succo di limone così da non farli annerire.

Per il ripieno, in una ciotolina condite il pangrattato con olio, pecorino, l'aglio tritato, un po' di prezzemolo, sale e pepe. Dovrete ottenere un composto umido e sabbioso.

Scolate ora i carciofi, asciugateli con della carta da cucina e batteteli su un piano di lavoro tenendoli per il gambo così da far aprire un po' le foglie. Ora aggiungete il pangrattato "condito". Dovrete dapprima riempire la parte centrale e poi far penetrare il pangrattato anche tra le foglie più esterne. Non colmate completamente le foglie perché dovranno accogliere il "tappo".

In una ciotola battete le uova con del pecorino, del prezzemolo e un po' di sale, poi trasferite qualche cucchiaio di questo composto sui carciofi così da riempirne completamente la superficie. Rivoltate velocemente il carciofo in una padella con dell'olio ben caldo: si formerà così il "tappo" dell'uovo in superficie che sigillerà il pangrattato all'interno. Fate rosolare per qualche minuto.

Ora in una casseruola versate un po' di olio, mettete l'aglio, fate soffriggere per un minuto circa e aggiungete il concentrato di pomodoro con l'acqua per farlo sciogliere. Salate e fate scaldare. Immergete i carciofi nel sugo, coprite con un coperchio e cuocete fino a quando saranno cotti e il sugo si sarà ristretto, diventando più denso. Servite i carciofi accompagnati con il loro sughetto!

TUORLO ROSSO

I suggerimenti di Flo

Potete arricchire il pangrattato aggiungendo capperi e acciughe tritati. In alternativa al concentrato suggerisco di usare anche della salsa di pomodoro fresca.

Arrosto panato

PORZIONI
4 persone

TEMPO DI PREPARAZIONE
5 minuti

TEMPO DI COTTURA
5 minuti

DIFFICOLTÀ
bassa

INGREDIENTI
- ✓ 150 g di pangrattato
- ✓ 2 foglie di alloro
- ✓ origano
- ✓ 4 fette di carne magra
- ✓ olio e.v.o.
- ✓ sale, pepe

Disponete il pangrattato su un piatto, aggiungete l'alloro, un po' di origano, sale e pepe. Mescolate bene gli ingredienti affinché il pangrattato risulti ben condito.

Passate ogni fetta di carne dapprima in un po' di olio disposto su un piatto, fate colare quello in eccesso, e passate poi la fetta nel pangrattato. Battete bene con le mani così da far aderire il pangrattato in maniera uniforme alla carne. Continuate in questo modo con le rimanenti fette.

Mettete su fuoco vivo una griglia e, quando sarà ben calda (è importante che sia ben calda prima di aggiungere la carne, per evitare che la panatura si stacchi), disponetevi la carne. Fate cuocere per qualche minuto e poi abbassate un po' la fiamma. Rigirate le fette e fatele dorare in maniera omogenea. Servite quando sono calde.

Polpette di patate

Secondi

PORZIONI
4 persone

TEMPO DI PREPARAZIONE
10 minuti

TEMPO DI COTTURA
45 minuti

DIFFICOLTÀ
bassa

INGREDIENTI
- ✓ 1 kg di patate
- ✓ 3 uova
- ✓ 100 g di caciocavallo grattugiato
- ✓ 70 g di pangrattato
- ✓ foglie di menta o prezzemolo (a piacere)
- ✓ olio di semi di arachide
- ✓ sale, pepe

Lessate le patate e riducetele in purea schiacciandole in una terrina con uno schiacciapatate o con una forchetta. Aggiungetevi le uova, il formaggio grattugiato (in questo caso caciocavallo ma andrà bene qualsiasi formaggio stagionato), il pangrattato, della menta tritata (o del prezzemolo, se preferite), sale e pepe. Amalgamate tutti gli ingredienti utilizzando una forchetta e lavorate fino a quando avrete ottenuto un composto compatto e ben omogeneo.

Potete ora formare le polpette di patate. Prelevate una manciata di composto, rigiratelo tra le mani e quindi appiattitelo un poco. Continuate così fino a quando avrete formato tutte le polpette.

Friggetele in olio ben caldo rivoltandole a metà cottura così da ottenere una doratura omogenea. A quel punto scolate le polpette e trasferitele su un foglio di carta da cucina per eliminare l'olio in eccesso. Fate intiepidire e servite. Saranno buone anche a temperatura ambiente!

"Milinciane ammuttunate"

PORZIONI
4 persone

TEMPO DI PREPARAZIONE
20 minuti

TEMPO DI COTTURA
60 minuti

DIFFICOLTÀ
bassa

INGREDIENTI
✓ 10 melanzane scure, piccole
✓ 100 g di caciocavallo semistagionato
✓ 4 spicchi d'aglio
✓ foglie di menta
✓ 1 litro di salsa di pomodoro
✓ olio e.v.o.
✓ sale, pepe nero

Lavate le melanzane, mondate le estremità e praticate 4 tagli verticali così da creare delle tasche per accogliere il ripieno. In ognuna di queste, infatti, aggiungete un tocchetto di caciocavallo (meglio se semistagionato, in modo che non si sciolga subito), qualche fettina di aglio, delle foglie di menta e, infine, un po' di sale e pepe.

Trasferite le melanzane così "imbottite" in padella dove avrete già messo dell'olio a scaldare. Rigiratele per farle rosolare su tutta la superficie. Coprite con un coperchio per evitare gli schizzi!

Tuffatele poi in una casseruola con la salsa di pomodoro e fatele cuocere per 30-35 minuti (il tempo varia a seconda della grandezza delle melanzane). È preferibile usare del sugo di pomodoro fresco ma, in alternativa, andrà bene anche della passata di pomodoro condita con olio, sale e uno spicchio d'aglio.

Quando saranno ben ammorbidite e quindi cotte, potete servire le *milinciane* ancora calde con il loro sughetto.

"Brocioloni" alla palermitana

PORZIONI
4 persone

TEMPO DI PREPARAZIONE
20 minuti

TEMPO DI COTTURA
20 minuti

DIFFICOLTÀ
bassa

INGREDIENTI

per il ripieno
- ✓ 1/2 cipolla bianca
- ✓ concentrato di pomodoro
- ✓ 100 g di pangrattato
- ✓ uva "passolina"
- ✓ pinoli
- ✓ caciocavallo grattugiato
- ✓ 100 g di caciocavallo a tocchetti
- ✓ olio e.v.o.
- ✓ sale, pepe

per i *brocioloni*
- ✓ 4 fette di carne di vitello
- ✓ aglio
- ✓ vino bianco
- ✓ sale (facoltativo)

per il sugo
- ✓ 1 litro di acqua
- ✓ 200 g di concentrato di pomodoro
- ✓ sale

Prima di tutto preparate il ripieno. Tritate finemente la cipolla e fatela soffriggere in una padella con dell'olio per un paio di minuti. Aggiungete dell'acqua così da facilitare la cottura della cipolla e non farla bruciare. Unite ora del concentrato di pomodoro e fatelo sciogliere.

Quando la cipolla sarà cotta incorporate il pangrattato e regolate di sale e pepe. Ottenuto un composto sabbioso e senza grumi fatelo raffreddare e aggiungete quindi un po' di "passolina" (tenuta precedentemente in ammollo per 10 minuti e strizzata), dei pinoli e del caciocavallo. Mescolate fino a ottenere un composto omogeneo.

Formate ora i *brocioloni*. Su un piano di lavoro battete un po' la carne, poi su ogni fetta posate un paio di cucchiai di ripieno, disponete al centro un tocchetto di caciocavallo e avvolgete la carne così da inglobare bene il ripieno all'interno. Chiudete con dello spago da cucina.

In una casseruola fate soffriggere dell'aglio in un po' di olio e poi aggiungetevi i *brocioloni*. Rigirateli bene in modo che la carne risulti "sigillata" su tutta la superficie. Sfumate con del vino e regolate di sale, se lo gradite.

Dopo qualche minuto togliete i *brocioloni* dalla casseruola, tenendoli da parte al caldo, e preparate il sugo versando in questa stessa casseruola l'acqua in cui sciogliere il concentrato di pomodoro. Salate e cuocete fino a quando il sugo inizierà a restringersi e ad addensarsi. Aggiungete ora i *brocioloni*, coprite con il coperchio e fate proseguire la cottura fino a quando il sugo sarà diventato ben denso.

TUORLO ROSSO

I suggerimenti di Flo

Per la buona riuscita di questa preparazione usate carne magra e tagliata a fette non troppo spesse. Potete non mettere uvetta e pinoli, se non li gradite. Invece, è possibile arricchire il piatto aggiungendo al ripieno delle uova sode.

Sarde a beccafico

PORZIONI
4 persone

TEMPO DI PREPARAZIONE
30 minuti

TEMPO DI COTTURA
15 minuti

DIFFICOLTÀ
bassa

INGREDIENTI
- ✓ 1 cipolla bianca tritata
- ✓ uva "passolina"
- ✓ pinoli
- ✓ 50 g di pangrattato
- ✓ 1 arancia non trattata
- ✓ 1 limone non trattato
- ✓ 20 sarde
- ✓ olio e.v.o.
- ✓ sale, pepe

per guarnire
- ✓ foglie di alloro
- ✓ arance non trattate

In una padella fate rosolare la cipolla con dell'olio. Aggiungete un po' d'acqua per favorire la cottura e unitevi della "passolina" e un po' di pinoli. Quando l'acqua sarà evaporata, incorporate il pangrattato e fatelo tostare a fiamma media, regolando di sale e pepe. Spegnete il fuoco e quindi profumate il pangrattato con della scorza e del succo di arancia e limone. Amalgamateli bene e aggiungete dell'olio per ottenere un composto umido e sabbioso.

Pulite le sarde eliminando la testa e la lisca. Sciacquatele sotto acqua corrente e asciugatele con carta da cucina. Apritele a libro tenendo le due parti unite e mantenete la codina. Su ogni sarda disponete un po' di ripieno, quindi arrotolate chiudendo verso la coda.

Disponete le sarde ripiene una pirofila unta d'olio, inserendo tra una sarda e l'altra una foglia di alloro e una fettina di arancia, che doneranno colore e profumo al piatto. Dopo aver posizionato tutte le sarde non resta che irrorarle con del succo di arancia o, per una nota più aspra, di limone, e infine con dell'olio. Fate cuocere in forno statico a 200 °C per 15 minuti. Servitele ben calde.

“Gateau” alla siciliana

PORZIONI
6 persone

TEMPO DI PREPARAZIONE
30 minuti

TEMPO DI COTTURA
90 minuti

DIFFICOLTÀ
media

INGREDIENTI
- ✓ 1,5 kg di patate
- ✓ 80 g di burro
- ✓ 50 g di Parmigiano Reggiano grattugiato
- ✓ 2 uova
- ✓ sale, pepe

per il ripieno
- ✓ 1 dose di ragù per rosticceria (vedi la mia ricetta a p. 234)
- ✓ 100 g di provola a dadini

per gratinare
- ✓ pangrattato
- ✓ burro

Lessate le patate e riducetele in purea schiacciandole in una terrina con uno schiacciapatate o con una forchetta. Unitevi il burro fuso, il formaggio grattugiato, le uova, regolate di sale e pepe e mescolate con una forchetta.

Foderate il fondo di uno stampo da 26 cm con della carta da forno (vi aiuterà a trasferire il *gateau* sul piatto da portata), imburrate e cospargete con pangrattato il fondo e i bordi.

Utilizzate poco più di metà della purea di patate per foderare il fondo e i bordi della tortiera, schiacciando con le mani o con il dorso di un cucchiaio.

Aggiungete il ragù per rosticceria, livellate, poi mettete i dadini di provola facendoli affondare nel ragù e infine coprite con la rimanente purea di patate.

Spolverizzate con pangrattato, aggiungete del burro a dadini e cuocete in forno preriscaldato ventilato a 180 °C per 45 minuti. Fate intiepidire e portate in tavola.

Calamari ripieni

PORZIONI
4 persone

TEMPO DI PREPARAZIONE
20 minuti

TEMPO DI COTTURA
15 minuti

DIFFICOLTÀ
media

INGREDIENTI
- ✓ 4 calamari
- ✓ 1 spicchio d'aglio
- ✓ vino bianco

per il ripieno
- ✓ 20 g di capperi sotto sale
- ✓ 1 spicchio d'aglio
- ✓ 30 g di concentrato di pomodoro
- ✓ 100 g di pangrattato
- ✓ 1 limone non trattato
- ✓ prezzemolo tritato
- ✓ Parmigiano Reggiano grattugiato (facoltativo)
- ✓ olio e.v.o.
- ✓ sale, pepe

per la salsa
- ✓ il succo di 1 limone
- ✓ sale, pepe
- ✓ olio e.v.o.
- ✓ aglio
- ✓ prezzemolo

Per prima cosa lavate i calamari e staccatene i tentacoli, quindi preparate il ripieno. Dopo averli dissalati, tritate i capperi al coltello e riducete in pezzi i tentacoli del calamaro. In una padella fate soffriggere l'aglio con dell'olio, aggiungete i capperi e fate cuocere per un minuto circa, aggiungendo quindi il concentrato di pomodoro.

Unite ora i tentacoli tagliati a pezzi e, dopo un paio di minuti al massimo, il pangrattato. Incorporate la scorza e il succo del limone. Ottenuto un composto fine e ben umido potete spegnere il fuoco e lasciare raffreddare. Terminate aggiungendo un po' di prezzemolo e, se lo gradite, un po' di Parmigiano.

Riempite i calamari ben ripuliti con il pangrattato e chiudete con uno stuzzicadenti. Cuoceteli in padella con aglio e olio. Dopo un minuto sfumate con il vino, fate evaporare e rigirate i calamari. Proseguite la cottura per circa 10 minuti rigirando di tanto in tanto i calamari.

Servite i calamari accompagnandoli con una salsa realizzata con succo di limone, olio, aglio e prezzemolo tritati, regolando di sale e pepe. Li renderà ancora più freschi e golosi!

TUORLOROSSO

I suggerimenti di Flo

Non fate cuocere troppo a lungo i calamari altrimenti acquisterebbero una consistenza gommosa poco piacevole. Al ripieno potete aggiungere anche delle olive verdi in pezzi o uva "passolina" e pinoli, se lo preferite.

Involtini di melanzane

PORZIONI
4 persone

TEMPO DI PREPARAZIONE
20 minuti

TEMPO DI COTTURA
30 minuti

DIFFICOLTÀ
bassa

INGREDIENTI
- ✓ 3 melanzane scure
- ✓ salsa di pomodoro
- ✓ sale
- ✓ olio di semi di arachide

per il ripieno
- ✓ 1 cipolla bianca tritata
- ✓ concentrato di pomodoro
- ✓ 150 g di pangrattato
- ✓ 30 g di Parmigiano Reggiano grattugiato
- ✓ 150 g di caciocavallo a tocchetti
- ✓ salsa di pomodoro
- ✓ sale, pepe
- ✓ olio e.v.o.

Mondate le melanzane, eliminate le estremità, poi tagliatele a fette. Mettetele in uno scolapasta, cospargete con del sale e fate riposare coperte con un piatto o un peso per 30 minuti così che perdano il liquido di vegetazione e, quindi, il gusto amarognolo.

Finito il tempo di riposo, sciacquatele, tamponate con carta da cucina e friggetele nell'olio di semi ben caldo.

In una padella fate rosolare la cipolla con dell'olio e aggiungete dell'acqua per facilitarne la cottura ed evitare che si bruci. Aggiungete un po' di concentrato di pomodoro e successivamente il pangrattato. Regolate di sale e pepe. Una volta che il composto si è raffreddato, unite parte del formaggio grattugiato. Su ogni fetta di melanzana disponete un paio di cucchiaini di pangrattato e un tocchetto di caciocavallo. Avvolgete le melanzane e disponete l'involtino su una teglia sulla quale avrete distribuito un po' di salsa di pomodoro.

Una volta disposti tutti gli involtini, "sporcateli" in superficie con della salsa di pomodoro e il Parmigiano rimanente e cuocete a 180 °C per 15 minuti. Serviteli ben caldi.

Involtini alla palermitana

PORZIONI
6 persone

TEMPO DI PREPARAZIONE
30 minuti

TEMPO DI COTTURA
30 minuti

DIFFICOLTÀ
bassa

INGREDIENTI
- ✓ 1 cipolla bianca tritata
- ✓ concentrato di pomodoro
- ✓ 150 g di pangrattato
- ✓ uva "passolina", pinoli
- ✓ Parmigiano Reggiano grattugiato
- ✓ 20 fettine di carne di vitello
- ✓ 1 cipolla rossa
- ✓ alloro
- ✓ caciocavallo
- ✓ olio e.v.o.
- ✓ sale, pepe

In una padella fate soffriggere la cipolla con dell'olio. Versate un po' di acqua per facilitarne la cottura ed evitare che si bruci. Aggiungete del concentrato di pomodoro e fatelo sciogliere completamente.

Quando la cipolla è cotta e l'acqua evaporata, potete aggiungere il pangrattato e insaporire con sale e pepe. Cuocete a fuoco medio sciogliendo con un cucchiaio di legno gli eventuali grumi che si saranno formati: dovrete ottenere un composto fine e sabbioso. Fate raffreddare e incorporate, quindi, della "passolina" (già ammollata e strizzata), un po' di pinoli e di formaggio grattugiato.

Disponete le fettine di carne su un piano di lavoro, mettete al centro un paio di cucchiaini del ripieno e avvolgete la carne così da inglobarlo ben all'interno. Infilzate gli involtini negli spiedini alternando agli involtini una foglia di alloro e un pezzetto di cipolla rossa.

Passate gli spiedini dapprima nell'olio e poi nel pangrattato, metteteli in una teglia, irrorandoli con un filo d'olio, e quindi cuoceteli in forno preriscaldato ventilato a 180 °C per circa 20 minuti. Quando sono pronti serviteli ancora caldi.

TUORLO ROSSO

Le curiosità di Flo

A Palermo vengono chiamati "spiedini" o, in dialetto siciliano, *spitini*, e solitamente comprendono dai tre ai cinque involtini. Con "spiedino" in città si intende anche un pezzo di rosticceria ripieno di ragù.

Polpette in agrodolce

PORZIONI
4 persone

TEMPO DI PREPARAZIONE
15 minuti

TEMPO DI COTTURA
30 minuti

DIFFICOLTÀ
bassa

INGREDIENTI
- ✓ 400 g di carne tritata
- ✓ 1 uovo
- ✓ 40 g di Parmigiano Reggiano (oppure caciocavallo o pecorino) grattugiato
- ✓ 30 g di pangrattato o mollica di pane bagnata nel latte
- ✓ farina 00
- ✓ 500 g di cipolle rosse
- ✓ 4 cucchiai di aceto di vino bianco
- ✓ 2 cucchiai di zucchero
- ✓ olio e.v.o.
- ✓ sale, pepe
- ✓ noce moscata

Ponete la carne in una terrina, formate una conca al centro e mettetevi l'uovo, il Parmigiano (o il formaggio che preferite), il pangrattato (o la mollica ben strizzata), sale, pepe e noce moscata e impastate fino a ottenere un composto compatto e omogeneo. Formate ora le polpette, passatele nella farina e tenete da parte.

Affettate le cipolle e fatele soffriggere in una padella con dell'olio. Cuocete a fuoco medio mescolando costantemente con un cucchiaio di legno. Quando le cipolle saranno appassite, posizionate le polpette facendo in modo che tocchino il fondo della padella. Fatele rosolare e quindi aggiungete dell'acqua calda, coprite con il coperchio e cuocete per circa 15 minuti.

Trascorso questo tempo, versate ora l'aceto e unite lo zucchero così da creare il gusto agrodolce tipico di questo piatto. Proseguite ancora la cottura a fuoco medio, rigirando anche le polpette così da ricoprirle con le cipolle. Quando il liquido di cottura risulterà addensato potete servire le polpette ben calde.

Polpette di melanzane al sugo

PORZIONI
4 persone

TEMPO DI PREPARAZIONE
35 minuti

TEMPO DI COTTURA
85 minuti

DIFFICOLTÀ
bassa

INGREDIENTI
- ✓ 700 g di melanzane scure
- ✓ 2 uova
- ✓ 100 g di pangrattato
- ✓ 100 g di Parmigiano Reggiano grattugiato
- ✓ foglie di basilico
- ✓ ricotta salata (facoltativo)
- ✓ olio di semi di arachide
- ✓ sale, pepe

per la panatura
- ✓ pangrattato

per il sugo
- ✓ 2 spicchi d'aglio
- ✓ 700 g di passata di pomodoro
- ✓ 8-10 foglie di basilico
- ✓ olio e.v.o.
- ✓ sale

Dopo averle lavate, cuocete le melanzane in forno statico a 200 °C per circa un'ora. Una volta intiepidite eliminate picciolo e buccia ricavando così solo la polpa. Tagliatela in pezzi e strizzatela per eliminare il liquido in eccesso. Mettete la polpa in una terrina e aggiungete ora le uova, il pangrattato, il Parmigiano, alcune foglie di basilico a pezzetti, della ricotta salata grattugiata, a piacere, sale e pepe. Impastate gli ingredienti così da ottenere un impasto ben amalgamato e compatto.

Formate le polpette e passatele nel pangrattato, ricoprendole completamente. Friggetele nell'olio di semi caldo e, una volta dorate, scolatele e trasferitele su un foglio di carta da cucina per eliminare l'olio in eccesso. Tenete da parte.

Ora dedicatevi al sugo. Fate soffriggere l'aglio con un po' di olio e versate la passata di pomodoro. Se risultasse troppo densa aggiungete un po' d'acqua. Regolate di sale e aggiungete anche delle foglie di basilico. Fate cuocere a fuoco medio per circa 10 minuti.

Tuffate ora le polpette di melanzane nel sugo e proseguite la cottura ancora per qualche minuto, fino a quando il sugo sarà ben denso e coprirà le polpette. Non resta che servirle calde.

TUORLOROSSO

I suggerimenti di Flo

Per rendere il piatto ancora più appetitoso potete aggiungere un cubetto di formaggio al centro di ogni polpetta: a voi la scelta tra provola, scamorza, caciocavallo o pecorino non stagionato.

Contorni

Carciofi "ammuddicati"

PORZIONI
4 persone

TEMPO DI PREPARAZIONE:
15 minuti

TEMPO DI COTTURA:
35 minuti

DIFFICOLTÀ:
bassa

INGREDIENTI
- ✓ 4 carciofi
- ✓ 1 limone
- ✓ 100 g di pangrattato
- ✓ 40 g di pecorino (o caciocavallo) grattugiato
- ✓ prezzemolo tritato
- ✓ 3 spicchi d'aglio
- ✓ olio e.v.o.
- ✓ sale, pepe

Ripulite i carciofi accorciando il gambo ed eliminando le foglie esterne più dure. Tagliate a metà le foglie rimanenti così da eliminare le spine e rifilate il gambo in modo da togliere la parte più esterna. Allargate un po' le foglie per poter arrivare al cuore con la punta del coltello, eliminando quindi le foglie più piccole, che contengono delle spine, e la barba che si trova al centro del carciofo. Una volta puliti immergeteli in una terrina con acqua e succo di limone per non farli annerire.

In una ciotola disponete il pangrattato e il formaggio, quindi unitevi del prezzemolo, un po' di sale e pepe, e l'aglio anch'esso tritato. Versate dell'olio a filo, fino a ottenere un composto umido e sabbioso.

Riprendete i carciofi, scolateli bene dall'acqua in cui li avete immersi e batteteli su un piano di lavoro tenendoli per il gambo, così da allargare le foglie. Ora potete riempirli al centro e tra le foglie con il pangrattato condito.

Disponeteli in una pentola con dell'acqua, ungete con dell'olio in superficie e coprite con un coperchio. Fate cuocere a fiamma media fino a quando i carciofi saranno cotti e l'acqua consumata.

TUORLO ROSSO

I suggerimenti di Flo

Per verificare la cottura dei carciofi inserite la punta di un coltello al centro: se non incontrate resistenza è segno che sono pronti. Per non far muovere i carciofi dovete accorciare parecchio il gambo. In alternativa, nella pentola in cui li cucinate potete aggiungere una patata intera ponendola al centro tra i carciofi, che impedirà alle verdure di muoversi.

Insalata "vastasa"

PORZIONI
-

TEMPO DI PREPARAZIONE
10 minuti

TEMPO DI COTTURA
30 minuti

DIFFICOLTÀ
bassa

INGREDIENTI
✓ fagiolini freschi
✓ 1 cipolla rossa
✓ patate
✓ pomodori
✓ olive verdi e nere
✓ olio e.v.o.
✓ aceto
✓ origano
✓ sale, pepe

Private i fagiolini delle due estremità, lavateli sotto acqua corrente e lessateli in acqua salata. Scolate, fate raffreddare e tenete da parte.

Nel frattempo affettate finemente la cipolla, cospargetela con del sale e fate riposare per 30 minuti. Mettete a bollire anche delle patate. Una volta cotte, lasciatele raffreddare prima di sbucciarle.

Strizzate bene le fettine di cipolla per eliminare il liquido di vegetazione e mettetele in una terrina insieme ai fagiolini lessati. Aggiungete le patate, dopo averle tagliate a dadini, i pomodori a tocchi e, per finire, olive verdi e nere. Condite con abbondante olio, aceto, origano, sale e pepe. Potete servire la vostra insalata *vastasa* subito, ma se la farete riposare per qualche ora sarà ancora più buona perché tutti i sapori si fonderanno tra loro.

Patate alla pizzaiola

PORZIONI
4 persone

TEMPO DI PREPARAZIONE
15 minuti

TEMPO DI COTTURA
60 minuti

DIFFICOLTÀ
bassa

INGREDIENTI
- ✓ 1 kg di patate
- ✓ 2 cipolle bianche
- ✓ 250 g di tuma
- ✓ 300 ml di passata di pomodoro
- ✓ olio e.v.o.
- ✓ origano
- ✓ sale, pepe

Sbucciate le patate e lavatele sotto acqua fredda corrente, quindi riducetele in fette dello spessore di circa 1 cm. Affettate anche le cipolle e il formaggio (una parte però riducetela in cubetti). Io ho usato della tuma ma, in alternativa, andranno bene anche pecorino, provola o scamorza. Potreste addirittura non usare il formaggio!

Distribuite sul fondo di una pirofila un po' di passata di pomodoro precedentemente condita con olio, origano, sale e pepe. Disponete uno strato di patate e uno di cipolle e aggiungete delle fettine di formaggio. "Sporcate" con un'altra passata di pomodoro. Continuate con un nuovo strato di patate e cipolle e aggiungete della passata. Terminate con i cubetti di tuma tenuti da parte.

Condite con olio e origano e cuocete in forno preriscaldato a 180 °C per circa un'ora, coprendo per i primi 40-45 minuti con un foglio di alluminio per alimenti.

Frittella palermitana

PORZIONI
4 persone

TEMPO DI PREPARAZIONE
10 minuti

TEMPO DI COTTURA
15 minuti

DIFFICOLTÀ
bassa

INGREDIENTI
- ✓ 300 g di fave
- ✓ 4 carciofi
- ✓ 1 limone
- ✓ 1 cipolla bianca
- ✓ brodo vegetale
- ✓ 300 g di pisellini
- ✓ 1 mazzetto di finocchietto selvatico
- ✓ olio e.v.o.
- ✓ sale

Sgranate le fave dopo aver aperto il baccello ed eliminate l'escrescenza che ricopre il seme. Sciacquatele sotto acqua fredda corrente.

Pulite i carciofi accorciando il gambo ed eliminando le foglie esterne più dure. Tagliate a metà le foglie rimanenti e dividete in metà e poi in quarti i carciofi. Eliminate la barba centrale e le foglie più piccole al centro perché contengono delle piccole spine. Disponete i carciofi in una terrina immersi in acqua con il succo del limone, in modo che non anneriscano.

In una casseruola fate soffriggere la cipolla, tritata finemente, con dell'olio. Aggiungete i carciofi ben sgocciolati e lasciate cuocere per qualche minuto. Unite anche le fave, regolate di sale e coprite con del brodo vegetale caldo. Proseguite la cottura per altri 5 minuti circa.

Quando i carciofi inizieranno ad ammorbidirsi potete incorporare anche i pisellini, freschi o surgelati. Aggiungete altro brodo, se necessario, coprite con un coperchio e continuate la cottura fino a quando tutte le verdure saranno ben cotte. Non resta che aggiungere del finocchietto, precedentemente sbollentato e tritato. Fate cuocere per altri 2 minuti, condite con dell'olio e portate in tavola.

TUORLOROSSO

I suggerimenti di Flo

Aggiungete un paio di cucchiai di aceto bianco e uno di zucchero per creare una variante in agrodolce. La frittella viene proposta anche come condimento per un primo piatto di pasta.

Broccolo affogato

PORZIONI
2 persone

TEMPO DI PREPARAZIONE
15 minuti

TEMPO DI COTTURA
30 minuti

DIFFICOLTÀ
bassa

INGREDIENTI
- ✓ 500 g di broccoli
- ✓ 2 spicchi d'aglio
- ✓ 2 filetti di acciuga
- ✓ formaggio a piacere (facoltativo)
- ✓ 1/2 bicchiere di vino bianco
- ✓ olive nere
- ✓ olio e.v.o.
- ✓ sale, pepe

Riducete innanzitutto il broccolo in cimette e lavatele sotto acqua fredda corrente. In una casseruola versate dell'olio e mettete gli spicchi d'aglio interi. Unite anche i filetti di acciuga, mescolando per farli sciogliere, e aggiungete le cime dei broccoli. Per una versione più ricca aggiungete tra le cime dei broccoli dei tocchetti di formaggio, quello che preferite.

Versate a filo dell'acqua e condite con sale e pepe. Coprite con un coperchio e fate cuocere per circa 15 minuti. Di tanto in tanto mescolate scuotendo il tegame, e non con un cucchiaio di legno: in questo modo eviterete che le cimette si sfaldino.

Sfumate con il vino e fate proseguire la cottura per altri 15 minuti, sempre scuotendo la casseruola di tanto in tanto. Per un sapore ancora più intenso potete cuocere le cime di broccoli in acqua e vino rosso.

Quando i broccoli saranno cotti aggiungete le olive e fate proseguire la cottura ancora per qualche minuto prima di servire.

Zucca in agrodolce

PORZIONI
2 persone

TEMPO DI PREPARAZIONE
10 minuti

TEMPO DI COTTURA
10 minuti

DIFFICOLTÀ
bassa

INGREDIENTI
- ✓ 500 g di zucca
- ✓ 3 spicchi d'aglio
- ✓ 4 cucchiaini di aceto di vino bianco
- ✓ 2 cucchiaini di zucchero
- ✓ foglie di menta
- ✓ olio e.v.o.
- ✓ sale

Eliminate la scorza, i semi e i filamenti interni della zucca e riducetela in fette. Friggetele in una padella con dell'olio ben caldo. Una volta cotte, scolatele bene e disponetele su un piatto da portata salandole un poco. Tenete da parte.

Nell'olio in cui avete fritto la zucca aggiungete gli spicchi d'aglio tagliati a fettine e fate rosolare per un minuto circa (in alcune zone della Sicilia, però, questo piatto viene preparato sostituendo l'aglio con la cipolla). Versate, quindi, l'aceto e unite lo zucchero così da donare quella nota agrodolce che contraddistingue questo piatto.

Giusto il tempo di far sciogliere lo zucchero e potete versare questo condimento sulla zucca tenuta da parte. Terminate aggiungendo delle foglioline di menta e il vostro piatto è pronto da servire.

Preparate questo contorno qualche ora prima di portarlo in tavola: sarà ancora più gustoso!

Carciofi alla villanella

PORZIONI
6 persone

TEMPO DI PREPARAZIONE
15 minuti

TEMPO DI COTTURA
30 minuti

DIFFICOLTÀ
bassa

INGREDIENTI
- ✓ 6 carciofi
- ✓ 1 limone
- ✓ 2 filetti di acciuga
- ✓ 3 spicchi d'aglio
- ✓ un mazzetto di prezzemolo
- ✓ olio e.v.o.
- ✓ sale, pepe

Accorciate un po' il gambo dei carciofi, togliete le foglie esterne più dure e tagliate a metà quelle rimanenti. Rifilate il gambo e allargate delicatamente le foglie. Con la punta di un coltello eliminate le foglie più piccole e la barba al centro del carciofo. Immergete ora i carciofi in una terrina con acqua e il succo del limone, per non farli annerire.

Nel frattempo tritate finemente i filetti di acciuga, gli spicchi d'aglio e il prezzemolo. Aggiungete questi ingredienti in una ciotolina regolando di sale e pepe.

Adesso scolate bene i carciofi, batteteli su un piano di lavoro tenendoli per il gambo e inserite al centro di ciascuno un po' del condimento appena preparato, arrivando anche tra le foglie più esterne.

In una casseruola versate abbondante olio, almeno a coprire il fondo della pentola, fate scaldare e disponetevi i carciofi capovolgendoli. Versate dell'acqua fino a coprire metà delle foglie dei carciofi. Coprite con un coperchio e cuocete a fuoco medio fino a quando i carciofi saranno cotti. Servite ben caldi, ma saranno ottimi anche a temperatura ambiente.

TVORLOROSSO

I suggerimenti di Flo

Aggiungete delle patate in tocchetti tra i carciofi e avrete un piatto ancora più gustoso e completo. Se non gradite i filetti di acciuga potete eliminare questo ingrediente.

Insalata di peperoni

PORZIONI
4 persone

TEMPO DI PREPARAZIONE
20 minuti

TEMPO DI COTTURA
60 minuti

DIFFICOLTÀ
bassa

INGREDIENTI
✓ 6 peperoni
✓ aceto di vino bianco
✓ aglio
✓ menta
✓ olio e.v.o.
✓ sale

Lavate i peperoni, disponeteli su una teglia rivestita con carta da forno e cuocete in forno preriscaldato statico a 200 °C per circa 1 ora. Una volta sfornati chiudeteli all'interno di sacchetti per freezer o di carta. In questo modo si formerà dell'umidità che farà staccare più facilmente la pellicina esterna.

Dopo averli spellati rimuovete il peduncolo, i semi e filamenti interni. Riducete i peperoni in falde più o meno larghe a seconda dei vostri gusti, e disponetele in una terrina. Potete ora condire con olio, aceto, sale e fettine di aglio nelle quantità che preferite. Terminate con delle foglioline di menta e mescolate.

Il piatto sarebbe pronto da consumare, ma se lo fate riposare per qualche ora sarà ancora più appetitoso.

Fagiolini all'aglio

PORZIONI
4 persone

TEMPO DI PREPARAZIONE
10 minuti

TEMPO DI COTTURA
25 minuti

DIFFICOLTÀ
bassa

INGREDIENTI
- ✓ 500 g di fagiolini freschi
- ✓ 2 spicchi d'aglio
- ✓ olio e.v.o.
- ✓ sale

Eliminate le due estremità dei fagiolini e sciacquateli sotto acqua fredda corrente. Lessateli in abbondante acqua salata per circa 15-20 minuti. Una volta cotti scolateli e teneteli da parte.

In una casseruola versate dell'olio e aggiungete l'aglio tagliato a fettine (se preferite, anche in quantità maggiore). Fate soffriggere per un paio di minuti e unite quindi i fagiolini.

Fate saltare il tutto a fuoco vivace per qualche minuto affinché che tutti i fagiolini vengano ricoperti bene dall'olio. Per apprezzarlo al meglio, servite il piatto quando è ancora ben caldo.

TUORLO ROSSO

Le curiosità di Flo

In dialetto siciliano questa pietanza è nota come *fasulina assassunata*.

“Canazzo” palermitano

PORZIONI
4 persone

TEMPO DI PREPARAZIONE
10 minuti

TEMPO DI COTTURA
25 minuti

DIFFICOLTÀ
bassa

INGREDIENTI
- ✓ 2 cipolle
- ✓ 2 patate sbucciate e lavate
- ✓ 1 melanzana
- ✓ 1 zucchina
- ✓ 1 peperone
- ✓ pomodorini
- ✓ olio e.v.o.
- ✓ sale
- ✓ basilico (facoltativo)
- ✓ brodo vegetale (facoltativo)

Riducete le cipolle in fettine e le patate in cubetti. Privatedelle estremità la melanzana, affettatela e poi tagliate le fettine in tocchetti non troppo grandi. Fate la stessa cosa anche con la zucchina.

Private il peperone del picciolo, dei semi e dei filamenti interni, sciacquatelo e quindi riducete anch’esso in cubetti.
I pomodorini, invece, dovrete tagliarli a metà.

In una padella versate dell’olio e unitevi le cipolle. Fate soffriggere per un paio di minuti. Aggiungete le patate e cuocete ancora per qualche minuto. A questo punto potete incorporare anche i tocchetti di melanzana, zucchina e peperone. Regolate di sale e coprite con un coperchio. Se sarà necessario aggiungete dell’acqua o del brodo vegetale caldo e fate proseguire la cottura. Quando le verdure saranno quasi cotte mettete i pomodorini e fate cuocere ancora a fiamma media per qualche altro minuto, sempre con un coperchio.

A cottura ultimata potete aggiungere del basilico, se vi piace. Dopo un minuto circa spegnete la fiamma e servite.

TUORLOROSSO

I suggerimenti di Flo

Il *canazzo* si può cucinare con le verdure che preferite, a seconda anche della stagione dell’anno. Spesso se ne prepara una versione in agrodolce aggiungendo alle verdure, quando sono cotte, 4 cucchiai di aceto di vino bianco e 2 cucchiai di zucchero.

Cipolle caramellate

PORZIONI
4 persone

TEMPO DI PREPARAZIONE
10 minuti

TEMPO DI COTTURA
20 minuti

DIFFICOLTÀ
bassa

INGREDIENTI
- ✓ 600 g di cipolle
- ✓ 30 g di zucchero
- ✓ 150 ml di acqua calda
- ✓ 4 cucchiai di aceto di vino bianco
- ✓ olio e.v.o.
- ✓ sale

Sbucciate e riducete le cipolle in fette sottili, quindi mettetele in una padella con dell'olio. Fate saltare per un paio di minuti, regolate di sale e versate l'acqua. Aggiungete anche lo zucchero, mescolate e coprite con il coperchio. Fate cuocere a fuoco medio.

Quando la cipolla sarà ben morbida, togliete il coperchio e fate proseguire la cottura sempre a fuoco medio così da far evaporare l'acqua in eccesso. Non appena le cipolle saranno asciugate versate l'aceto e fate proseguire la cottura per far caramellare le cipolle, che inizieranno ad assumere un colore ambrato. A quel punto saranno pronte da consumare.

TUORLO ROSSO

I suggerimenti di Flo

Le cipolle caramellate sono ottime calde ma anche a temperatura ambiente. Saranno perfette per accompagnare ogni tipo di carne così come di pesce, o per farcire dei panini.

Cotolette di melanzane

PORZIONI
4 persone

TEMPO DI PREPARAZIONE
20 minuti

TEMPO DI COTTURA
10 minuti

DIFFICOLTÀ
bassa

INGREDIENTI
- ✓ 1 melanzana scura
- ✓ farina 00
- ✓ 2-3 uova
- ✓ pangrattato
- ✓ olio di semi di arachide
- ✓ sale

Private la melanzana delle due estremità, dividetela a metà e quindi tagliatela a fette non troppo spesse. Passate ogni fetta così ottenuta dapprima in un po' di farina, facendo attenzione a rimuoverne la quantità in eccesso, successivamente nell'uovo, battuto con un pizzico di sale, e infine nel pangrattato. Premete bene le fettine di melanzana così da creare una panatura omogenea.

Non resta che friggerle nell'olio ben caldo. Fate dorare da entrambe le parti, quindi scolate e trasferite su un foglio di carta da cucina per eliminare l'olio in eccesso. Se lo gradite aggiungete del sale.

TUORLO ROSSO

I suggerimenti di Flo

È importante non tagliare delle fette troppo spesse e non friggere in olio troppo caldo per evitare che le melanzane restino crude dentro: infatti, devono avere tempo a sufficienza per cuocere completamente.

Insalata pantesca

PORZIONI
4 persone

TEMPO DI PREPARAZIONE
10 minuti

TEMPO DI COTTURA
40 minuti

DIFFICOLTÀ
bassa

INGREDIENTI
- ✓ 300 g di patate
- ✓ 250 g di pomodorini di Pachino
- ✓ 20 g di capperi di Pantelleria sotto sale
- ✓ 1 cipolla rossa
- ✓ olive nere
- ✓ aceto di vino bianco
- ✓ basilico
- ✓ origano
- ✓ olio e.v.o.
- ✓ sale, pepe

Lessate le patate in abbondante acqua salata e una volta cotte sbucciatele e riducetele in cubetti. Lavate i pomodorini, eliminate il picciolo e spaccateli a metà. Sciacquate i capperi. La cipolla deve essere tagliata a fette.

In una terrina riunite i cubetti di patate, i pomodorini, la cipolla, un po' di olive e i capperi. Condite con olio, aceto, sale, pepe e origano. Mescolate e terminate aggiungendo delle foglie di basilico.

TUORLOROSSO

I suggerimenti di Flo

Riducendo tutti gli ingredienti in cubetti assai piccoli questa insalata sarà un ottimo condimento anche per delle bruschette o da servire in monoporzioni. Fate riposare l'insalata pantesca per un'ora prima di portarla in tavola: sarà ancora più saporita.

Patate "a sfincione"

PORZIONI
4 persone

TEMPO DI PREPARAZIONE
20 minuti

TEMPO DI COTTURA
70 minuti

DIFFICOLTÀ
bassa

INGREDIENTI
- ✓ 4 filetti di acciuga
- ✓ 2 cipolle bianche
- ✓ 250 g di polpa di pomodoro
- ✓ 800 g di patate
- ✓ 100 g di caciocavallo fresco
- ✓ caciocavallo grattugiato
- ✓ pangrattato
- ✓ origano
- ✓ olio e.v.o.
- ✓ sale, pepe

In un'ampia padella versate un po' di olio e fate sciogliere i filetti di acciuga. Aggiungete le cipolle, tagliate a fette sottili, e cuocete a fuoco medio mescolando costantemente. Condite con sale e pepe a piacere e proseguite finché le cipolle saranno morbide. Versate la passata di pomodoro e continuate a cuocere fino a quando le cipolle saranno completamente cotte e il sugo si sarà addensato.

Nel frattempo pelate le patate, lavatele e riducetele in fette spesse circa 1 cm. Foderate con carta da forno uno stampo a cerniera di 24 cm (questo vi aiuterà a trasferire la preparazione su un piatto da portata) e sistemate un primo strato di patate.

Regolate di sale e versate un po' di condimento e delle fettine di caciocavallo. Create un altro strato di patate e regolate ancora di sale. Disponete altre fettine di caciocavallo e coprite tutto con il condimento. Proseguite cospargendo ogni strato di patate con caciocavallo grattugiato, pangrattato e origano. Terminate con un filo d'olio. Fate cuocere in forno ventilato a 180 °C per 50 minuti. Lasciate intiepidire, quindi sfilate delicatamente la carta da forno trasferendo la vostra pietanza su un piatto da portata prima di servire.

Dolci

Ciambelline fritte

PORZIONI
7 persone

TEMPO DI PREPARAZIONE:
40 minuti

TEMPO DI COTTURA
5 minuti

DIFFICOLTÀ
media

INGREDIENTI
per 14 ciambelline
- ✓ 1 dose di impasto per rosticceria (vedi la mia ricetta a p. 237)
- ✓ zucchero semolato
- ✓ olio di semi di arachide

Dall'impasto base della rosticceria siciliana ricavate dei tocchetti da 60 g ciascuno (per le ciambelline piccole), che ridurrete in palline. Disponetele su un piano di lavoro leggermente infarinato e copritele con un canovaccio. Fate lievitare per 20 minuti affinché la pasta si "rilassi" e risulti più semplice formare le ciambelline.

Trascorso questo tempo appiattite leggermente ogni pallina, fate un buco al centro e allargate il foro centrale così da formare la vostra ciambellina. Il foro deve essere largo perché si restringerà durante la seconda lievitazione e la cottura.

Adagiate ogni ciambellina su un foglio di carta da forno e fate lievitare per un'altra ora, dopodiché, spostandole usando la carta da forno, friggetele in un'ampia padella con l'olio a 170 °C. Dopo qualche secondo la carta si staccherà dalle ciambelline e potrete rimuoverla.

Rigirate le ciambelline così da farle dorare da ambo i lati in maniera omogenea, scolatele e trasferitele su un foglio di carta da cucina per eliminare l'olio in eccesso. Passatele nello zucchero mentre sono ancora calde e fate in modo di ricoprirle completamente.

Cartocci siciliani

PORZIONI
4 persone

TEMPO DI PREPARAZIONE:
10 minuti

TEMPO DI COTTURA
5 minuti

DIFFICOLTÀ
bassa

INGREDIENTI
per 14 cartocci

- ✓ 1 dose di impasto per rosticceria (vedi ricetta a p. 237)
- ✓ 1 dose di crema di ricotta (vedi la mia ricetta a p. 244)
- ✓ olio di semi di arachide
- ✓ zucchero semolato

Con l'impasto per rosticceria siciliana già lievitato formate dei tocchetti da 60 g ciascuno (per dei cartocci piccoli; da 100 g per dei cartocci grandi). Ogni tocchetto andrà allungato a formare un cordoncino che dovrete avvolgere nei cannelli di alluminio fino a ottenere 3-4 giri. Posizionate i cartocci così formati su una teglia e fate lievitare per un'altra ora.

Trascorso questo tempo potete friggere i cartocci con i cannelli nell'olio a 170 °C fino a quando saranno dorati. Scolateli, quindi trasferiteli su un foglio di carta da cucina per eliminare l'olio in eccesso. Fate raffreddare. Sfilate il cannello e farcite i cartocci con la crema di ricotta usando una *sac à poche*. È importante che i cartocci siano ben freddi prima di farcirli per evitare che la crema perda la sua compattezza.

Disponete dello zucchero semolato in un piattino e passatevi i cartocci così da ricoprirli completamente.

"Sfince" di san Giuseppe

PORZIONI
15 persone

TEMPO DI PREPARAZIONE
40 minuti

TEMPO DI COTTURA:
20 minuti

DIFFICOLTÀ:
media

INGREDIENTI
- 250 ml di acqua
- 5 g di sale
- 80 g di strutto
- 250 g di farina 00
- 5 uova
- olio di semi di arachide o strutto

per farcire
- 1 dose di crema di ricotta (vedi la mia ricetta a p. 244)

per decorare
- ciliegie candite
- scorze d'arancia candite
- granella di pistacchi

Per l'impasto, versate l'acqua in una casseruola, aggiungetevi il sale e lo strutto e cuocete a fuoco medio così da far sciogliere completamente lo strutto. Incorporate ora la farina, tutta in una volta, e mescolate energicamente. Si formerà un panetto che piano piano si staccherà dalle pareti della pentola. Spegnete il fuoco e lasciate raffreddare.

Adesso aggiungete un uovo alla volta, aspettando che il primo venga assorbito prima di incorporare il successivo. Continuate così fino a ottenere un impasto omogeneo ed elastico.

Scaldate dell'olio di semi o dello strutto portandolo a 160 °C. Aggiungete una cucchiaiata di impasto se volete delle *sfince* grandi, e un cucchiaino da caffè invece per le *sfince* piccole. Dovrete friggere a fiamma dolce, rigirando continuamente l'impasto in modo tale che la *sfincia* aumenti il suo volume.

Quando vi accorgerete che non aumenta più di volume, alzate la temperatura dell'olio portandola a 190 °C. Continuate a rigirare fino a quando le *sfince* saranno dorate al punto giusto. Scolate e trasferitele su un foglio di carta da cucina per eliminare l'olio in eccesso.

Prima di aggiungere le altre cucchiaiate di impasto fate scendere la temperatura dell'olio abbassando la fiamma o spegnendola per qualche minuto. Quando sarà di nuovo intorno a 160 °C aggiungete altro composto e formate altre *sfince*.

Quando le *sfince* si saranno raffreddate potete tagliarle a metà e farcirle con la crema di ricotta. Cospargetele anche in superficie con la crema e decorate con mezza ciliegia candita, una scorzetta d'arancia candita e della granella di pistacchi.

TUORLOROSSO

I suggerimenti di Flo

Potete usare due pentolini per le cotture a due temperature. In uno terrete la gradazione a 160 °C e nell'altro a 190 °C. In questo modo inizierete la cottura nell'olio più freddo e quando le *sfince* non aumenteranno più di volume vi basterà scolarle e passarle nell'olio più caldo finché saranno dorate. Preparate queste specialità per celebrare in particolare la festa di san Giuseppe, il 19 marzo.

Cassata siciliana

PORZIONI
8-10 persone

TEMPO DI PREPARAZIONE
2 ore

TEMPO DI COTTURA
60 minuti

DIFFICOLTÀ
elevata

INGREDIENTI
- ✓ 1 pan di Spagna da 20 cm di diametro (vedi la mia ricetta a p. 246)
- ✓ 1,6 kg di crema di ricotta (vedi la mia ricetta a p. 244)
- ✓ zucchero a velo

per lo zucchero fondente
- ✓ 90 ml di acqua
- ✓ 300 g di zucchero semolato
- ✓ 45 g di glucosio

per decorare
- ✓ 300 g di pasta reale verde (vedi la mia ricetta a p. 238)
- ✓ frutta candita (zuccata, mandarino, pere, fichi)

Dopo aver preparato il pan di Spagna, tagliatelo a metà. Una prima metà deve essere ridotta in fette da 1 cm di spessore, che serviranno per realizzare i bordi della cassata. L'altra metà invece va tagliata in orizzontale per ottenere quattro semidischi, che costituiranno la base e la copertura del dolce.

Su un piano di lavoro stendete ora la pasta reale verde e realizzate delle strisce della stessa larghezza delle fette di pan di Spagna. Tagliate ogni fetta di pan di Spagna in trapezi, quindi con i lati leggermente svasati (questo serve se state usando lo stampo per cassata. Se avete una classica tortiera, invece, potete fare semplicemente dei rettangoli). Sovrapponete questi trapezi alle strisce di pasta reale e tagliatele della stessa forma.

Adesso spolverizzate lo stampo per cassata (in questo caso uno stampo da 2 kg) con dello zucchero a velo e disponete lungo tutto il bordo i trapezi di pasta reale alternandoli con quelli pan di Spagna. Stringeteli l'uno all'altro molto bene, affinché questi trapezi non si muovano: questo passaggio è fondamentale perché la cassata rimanga ben stabile quando la capovolgerete sul piatto da portata.

Sul fondo dello stampo disponete due dei semidischi di pan di Spagna che avete preparato in precedenza. Con un coltello rifilate i bordi dei trapezi perché siano della stessa altezza del bordo dello stampo. È il momento di distribuire su questa base la crema di ricotta. Livellate con una spatola da cucina per stenderla in modo omogeneo.

Disponete i rimanenti due semidischi di pan di Spagna. Sui bordi esterni potete aggiungere dei ritagli di pan di Spagna, così da sigillare bene tutta la superficie. Disponete sulla cassata il piatto da portata e capovolgetela senza però togliere lo stampo. Mettetela a riposare in frigorifero per circa 2 ore.

Trascorso questo tempo siete pronti per decorare. Preparate lo zucchero fondente versando l'acqua in un pentolino, poi unitevi lo zucchero e il glucosio e, mescolando, portate il composto a 115 °C (se non avete un termometro da cucina capirete di essere alla giusta temperatura perché lo sciroppo diventerà trasparente e si formeranno delle bolle).

Spegnete il fuoco, versate lo sciroppo in una ciotola e, lavorando con una frusta, abbassate la temperatura fino a portarla a 60 °C (anche in questo caso, se non avete un termometro capirete di essere alla giusta gradazione perché lo zucchero fondente diventerà bianco e inizierà ad addensarsi).

→

Prendete dal frigorifero la cassata: è il momento di decorarla con lo zucchero fondente. Dovrete essere molto veloci perché, continuando a raffreddarsi, si solidificherà molto velocemente. Iniziate versando la glassa al centro e, con la spatola, spargetela su tutta la base. Passate poi ai bordi: ruotate piano piano la cassata per stendere con la spatola lo zucchero fondente, livellando bene. Dovete farlo velocemente così da formare una velata sottile che renda questo dolce bello da vedere, e non solo da mangiare!

Non resta che decorare con la frutta candita. Io ho posizionato al centro un mandarino, ho formato 5 petali con delle fette di zuccata e poi ho proseguito con ciliegie candite, pere in quarti e fettine di fichi. Questa è la decorazione più classica della cassata ma potete davvero dare sfogo alla vostra fantasia!

TUORLOROSSO

I suggerimenti di Flo

Per la base e la copertura, al posto dei semidischi potete usare anche delle strisce da modellare in base allo stampo. Se volete potete bagnare il pan di Spagna con un liquore a vostra scelta, ma senza esagerare altrimenti si inzupperebbe troppo e la cassata non manterrebbe la sua forma. La cassata siciliana si trova nelle pasticcerie ormai tutto l'anno, ma si consuma in particolare nel periodo pasquale.

Brioche col tuppo

PORZIONI
8 persone

TEMPO DI PREPARAZIONE:
60 minuti

TEMPO DI COTTURA
25 minuti

DIFFICOLTÀ
media

INGREDIENTI
- ✓ 20 g di lievito di birra fresco
- ✓ 150 ml di latte
- ✓ 500 g di farina manitoba
- ✓ 2 uova + 2 tuorli
- ✓ la scorza grattugiata di 1 arancia non trattata
- ✓ la scorza grattugiata di 1 limone non trattato
- ✓ 12 g di miele
- ✓ 140 g di zucchero semolato
- ✓ 120 g di burro ammorbidito
- ✓ 7 g di sale

per spennellare
- ✓ 1 tuorlo d'uovo
- ✓ 1 cucchiaio di latte

Sciogliete il lievito di birra nel latte e versate il tutto in una planetaria. Aggiungete la farina e azionate la planetaria a velocità 2 per un paio di minuti.

Incorporate ora le uova, un uovo alla volta, dando il tempo al composto di assorbirle completamente. Continuate a lavorare fino a quando si sarà formato un impasto. Solo a questo punto potete aggiungere la scorza dell'arancia e del limone, e il miele. Azionate ancora la planetaria per un paio di minuti.

Aggiungete ora lo zucchero, poco alla volta. Anche in questo caso fate lavorare la planetaria fino a quando tutto l'ingrediente sarà stato incorporato e l'impasto avrà ripreso consistenza.

Non resta che unire il burro, che avrete tenuto a temperatura ambiente per almeno 30 minuti prima di iniziare la preparazione. Anche il burro andrà aggiunto un tocchetto alla volta. Vedrete l'impasto diventare morbido e appiccicoso, ma non preoccupatevi: è normale! Continuate a lavorare fino a quando riprenderà consistenza e diventerà elastico.

Una volta "incordato", trasferitelo su un piano di lavoro leggermente imburrato e lavoratelo facendo 2-3 pieghe. Formate una palla e riponetela in una terrina, coperta con pellicola per alimenti. Fate lievitare per 2 ore a temperatura ambiente e poi trasferite l'impasto in frigorifero dove riposerà per 20 ore.

Terminato il tempo di riposo, riprendete l'impasto e tenetelo a temperatura ambiente per un'ora. A questo punto trasferitelo sul piano di lavoro e allungatelo un poco. Dividetelo in 9 tocchetti da 100 g. Ogni tocchetto andrà lavorato portando i lembi dell'impasto verso l'interno e poi facendolo roteare sul piano di lavoro così da formare una pallina. Formate 8 palline: la nona andrà ridotta in 8 tocchetti che verranno a loro volta ridotti in palline allungate da un lato. Formeranno il "tuppo" delle vostre brioche!

Al centro di ogni brioche fate un foro e posizionate la pallina più piccola dalla parte lunga, facendo un po' di pressione. In questo modo il tuppo rimarrà bene in posizione e non scivolerà durante la lievitazione o la cottura, come avverrebbe se posizionaste semplicemente la pallina sulla brioche. Il movimento della pasta in lievitazione e durante la cottura, infatti, farebbe muovere il tuppo, che rischierebbe quindi di scivolare.

→

Posizionati tutti i tuppi non resta che far lievitare per un'altra ora, meglio se nel forno spento. Spennellate con il mix di tuorlo e latte e quindi cuocete in forno statico preriscaldato a 170 °C per circa 25 minuti o fino a quando le brioche saranno appena dorate. Sfornate e fate intiepidire prima di mangiarle. In genere queste brioche sono perfette da consumare con una granita, che in Sicilia non manca mai e si trova in tantissimi gusti diversi. In alternativa si possono accompagnare con del gelato o farcire, tagliandole a metà.

TUORLOROSSO

I suggerimenti di Flo

Quando aggiungete il burro l'impasto diventerà molto morbido. Non unite altra farina ma continuate a lavorare. Se l'impasto dovesse surriscaldarsi tenetelo in frigorifero per 15-20 minuti e riprendete a lavorarlo nella planetaria. È consigliabile usare una farina con almeno 14 g di proteine.

Le curiosità di Flo

Le "brioche col tuppo" sono tipiche della zona di Messina e Catania. Il nome "tuppo" deriva da un'acconciatura che, soprattutto nei tempi passati, era molto diffusa tra le donne: lo chignon. Il termine a sua volta deriverebbe dal normanno *toupin*, che in francese divenne *toupet* e in dialetto *tuppu*: in siciliano, infatti, questa brioche viene chiamata *brioscia cu tuppu*.

"Pupi" con l'uovo

PORZIONI
6 persone

TEMPO DI PREPARAZIONE
30 minuti

TEMPO DI COTTURA
40 minuti

DIFFICOLTÀ
media

INGREDIENTI
- ✓ 500 g di farina 00
- ✓ 150 g di zucchero
- ✓ 2 uova
- ✓ 140 g di strutto
- ✓ 1 bustina di vanillina
- ✓ sale
- ✓ 6 g di ammoniaca per dolci

per la glassa
- ✓ 30 g di albume pastorizzato
- ✓ succo di limone
- ✓ zucchero a velo
- ✓ essenza di mandorle amare

per decorare
- ✓ codette colorate
- ✓ 6 uova sode

Preparare la frolla mettendo in una terrina la farina con lo zucchero, mescolando bene. Fate una conca al centro e ponetevi le uova. Aggiungete lo strutto, la vanillina, un pizzico di sale e l'ammoniaca, quindi iniziate a impastare con le mani.

Trasferite l'impasto su un piano di lavoro leggermente infarinato e lavoratelo ancora fino a quando avrete formato un panetto compatto e liscio. Avvolgetelo nella pellicola per alimenti e fate riposare in frigorifero per almeno 30 minuti.

Trascorso questo tempo, prendete il panetto e con i ⅔ dell'impasto preparate ora i cestini. Formate dei cordoncini, intrecciatene due alla volta e chiudeteli ad anello: questa sarà la base dei cestini. Disponeteli su una teglia rivestita con carta da forno e posizionate al centro di ogni cestino un uovo sodo. Realizzate degli altri cordoncini, più sottili di quelli usati per la base, ripiegateli a U e poi intrecciateli rigirando le estremità: devono diventare i manici dei cestini. Disponete ogni manico sull'uovo posizionando le estremità sotto l'uovo, in modo tale che questo non si muova durante la cottura.

Con la rimanente parte di impasto tenuto da parte inizialmente adesso formate dei coniglietti. Stendete la pasta, intagliate un coniglietto (potete usare uno stampino) e posizionate al centro del corpo l'uovo sodo, ingabbiandolo con due striscioline incrociate di impasto. Cuocete in forno preriscaldato statico a 180 °C per circa 40 minuti. Una volta cotti, fateli raffreddare.

È il momento di decorare: in una ciotola preparate la glassa versando l'albume e iniziando a montarlo con le fruste. Aggiungete qualche goccia di succo di limone e, poco alla volta, lo zucchero a velo e per finire 2-3 gocce di essenza di mandorle.

Tocco finale: con un pennello da cucina distribuite la glassa sui cestini e sui coniglietti e decorate con delle codette colorate. Fate asciugare completamente la glassa.
Nel periodo pasquale questi tradizionali dolcetti non devono mancare!

Pecorelle pasquali

PORZIONI
10 persone

TEMPO DI PREPARAZIONE
60 minuti

TEMPO DI COTTURA
-

DIFFICOLTÀ
media

INGREDIENTI
- 1 dose di pasta reale (vedi la mia ricetta a p. 238)

per decorare
- coloranti alimentari in polvere

Procuratevi un apposito stampo per pecorelle e foderatelo con della pellicola per alimenti, tendendola bene perché non formi delle pieghe. Prelevate un pezzo di pasta reale e modellatela già con le mani per dare una forma a L con la punta rivolta verso il basso. Aggiungete la pasta nello stampo e fate pressione così che aderisca bene alle pareti.

Stendete un altro strato di pellicola e sovrapponete la seconda parte dello stampo. Fate pressione, girate lo stampo e schiacciate la parte inferiore della pecorella: la pasta reale deve riempire ogni cavità dello stampo. Aprite ora lo stampo, estraete la pecorella e con un coltello ben affilato eliminate la pasta reale in eccesso rifilando i bordi. Ripetete le operazioni fino a quando avrete formato tutte le pecorelle, che disporrete su una teglia. Lasciatele asciugare per un giorno.

Solo quando sono asciutte potrete decorare le pecorelle. Usate gli appositi coloranti alimentari, diluiti con qualche goccia di acqua, e con l'aiuto di pennelli da cucina con il marrone formate le zampe e colorate il corpo e, con un pennellino sottile, disegnate sopracciglia, occhi e narici. Con il rosso, intinto con uno stuzzicadenti, tracciate la bocca; mentre con il rosa potete dipingere la parte interna delle orecchie. Fate asciugare bene.

Quando anche il colore si sarà asciugato potete aggiungere un fiocchetto sul collo, fissato con della glassa di acqua e zucchero a velo, e una bandierina. Le pecorelle così decorate potranno essere fissate, sempre con della glassa, a dei vassoietti insieme a ovetti e cioccolatini. In alternativa potete posizionarle in cestini avvolti da sacchetti trasparenti. In questo modo saranno anche perfette da regalare.

TUORLO ROSSO

Le curiosità di Flo

Questa che vi propongo è la versione più diffusa nel palermitano. Ne esistono però altre varianti, fra cui l'*Agnello di Favara* (un Comune in provincia di Agrigento), caratterizzato principalmente da un ripieno di pasta di pistacchio.

Cassatine siciliane

PORZIONI
15 persone

TEMPO DI PREPARAZIONE
2 ore

TEMPO DI COTTURA
20 minuti

DIFFICOLTÀ
elevata

INGREDIENTI
- ✓ 1 dose di pasta reale verde (vedi la mia ricetta a p. 238)
- ✓ 1 dose di pan di Spagna (vedi la mia ricetta a p. 246)
- ✓ 1 dose di crema di ricotta (vedi la mia ricetta a p. 244)
- ✓ zucchero a velo

per lo zucchero fondente
- ✓ 45 ml di acqua
- ✓ 150 g di zucchero
- ✓ 25 g di glucosio

per decorare
- ✓ ciliegie candite
- ✓ scorza d'arancia candita

Spolverizzate gli stampini per cassatine con dello zucchero a velo e foderateli con un disco di pasta reale verde. Rimuovete la pasta in eccesso rifilando i bordi con un coltellino e, con un coppapasta del diametro più piccolo della base dello stampo, fate un foro nella pasta reale. Rimuovete il dischetto di pasta reale, tenetelo da parte, e sostituitelo con un dischetto di pan di Spagna delle stesse dimensioni.

Aggiungete della crema di ricotta così da riempire lo stampo quasi completamente e adagiatevi sopra un altro disco di pan di Spagna facendo un po' di pressione. Capovolgete lo stampo ed estraetene con delicatezza la cassatina.

Per la decorazione, preparate lo zucchero fondente versando l'acqua in una casseruola con lo zucchero e il glucosio. Portate la temperatura a 115 °C (se non avete il termometro da cucina capirete di essere alla giusta gradazione perché lo sciroppo diventerà trasparente e si formeranno grandi bolle). Versate lo sciroppo in una ciotola e, mescolando, fate abbassare la temperatura portandola a 60 °C (la glassa diventerà bianca e più densa).

Aiutandovi con una spatola stendete un po' di fondente sulla cassatina così da coprire il disco di pan di Spagna. Terminate la decorazione con mezza ciliegia candita e della scorza d'arancia candita, ma aggiungetele sul fondente prima che si solidifichi perché si attacchino bene.

TUORLOROSSO

I suggerimenti di Flo

Per semplificare la preparazione potete evitare di mettere il pan di Spagna e aggiungere la crema di ricotta direttamente nello stampo foderato con la pasta reale verde.
Siate velocissimi nella decorazione perché il fondente si raffredda in fretta e di conseguenza sarebbe impossibile da stendere.

Treccine con lo zucchero

PORZIONI
5 persone

TEMPO DI PREPARAZIONE:
20 minuti

TEMPO DI COTTURA
20 minuti

DIFFICOLTÀ
bassa

INGREDIENTI
- ✓ 125 g di farina 00
- ✓ 125 g di farina manitoba
- ✓ 90 ml di latte
- ✓ 10 g di lievito di birra fresco
- ✓ 80 ml di acqua
- ✓ 35 g di strutto
- ✓ 40 g di zucchero
- ✓ sale

per spennellare
- ✓ latte
- ✓ zucchero semolato

In una terrina riunite le due farine (meglio se con 13-14 g di proteine) e versate il latte, in cui avrete già sciolto il lievito di birra fresco. Iniziate a mescolare con una forchetta e aggiungete quindi l'acqua, poco per volta (in caso contrario l'impasto potrebbe risultare troppo appiccicoso), e lo strutto. Impastate adesso con le mani fino a quando si formerà un panetto morbido ed elastico e non più appiccicoso, che finirete di impastare su un piano di lavoro leggermente infarinato.

Trasferite l'impasto in un'altra terrina, coprite con pellicola per alimenti e fate lievitare per 2 ore o fino al raddoppio del volume iniziale. Dividete l'impasto così lievitato in tocchetti da 90 g ciascuno. Allungate ogni tocchetto sul piano di lavoro così da formare un cordoncino, piegatelo a ferro di cavallo e quindi intrecciatelo rigirando le due estremità.

Disponete le treccine su una teglia rivestita con carta da forno e fate lievitare per altri 40 minuti. Spennellate infine con un po' di latte e quindi cuocete in forno preriscaldato statico a 180 °C per circa 20 minuti o fino a leggera doratura.

Quando sono ancora calde, spennellate le treccine con altro latte e passatele sullo zucchero affinché si attacchi alla superficie.

Brioscine del panificio

PORZIONI
6 persone

TEMPO DI PREPARAZIONE
20 minuti

TEMPO DI COTTURA
20 minuti

DIFFICOLTÀ
bassa

INGREDIENTI
- ✓ 500 g di farina 00
- ✓ 60 g di zucchero semolato
- ✓ 225 ml di acqua
- ✓ 10 g di lievito di birra fresco
- ✓ 20 g di burro
- ✓ 20 g di strutto
- ✓ 1 uovo (facoltativo)
- ✓ 10 g di sale (per la versione salata)

per spennellare
- ✓ 1 tuorlo
- ✓ 1 cucchiaio di latte

In una terrina riunite la farina e lo zucchero, quindi versate l'acqua, in cui avrete sciolto il lievito di birra, e aggiungete il burro, lo strutto e, se volete, l'uovo. Amalgamate bene nella terrina impastando con le mani fino a quando avrete formato un panetto. Trasferitelo su un piano di lavoro leggermente infarinato e continuate a lavorarlo fino a quando l'impasto sarà elastico e morbido. Mettetelo in un'altra terrina, coperto con pellicola per alimenti, e fate lievitare per 2 ore o fino al raddoppio del volume iniziale.

Trascorso questo tempo riprendete l'impasto e dividetelo in tocchetti da 100 g ciascuno. Lavorate ogni tocchetto portando i lembi esterni verso l'interno e facendolo roteare sul piano di lavoro in modo da formare una pallina. Disponete le brioscine così formate su una teglia foderata con carta da forno e fate lievitare per altri 20 minuti.

Quando il loro volume sarà raddoppiato potete spennellarle con il tuorlo mescolato al latte. Cuocete in forno preriscaldato statico a 180 °C per circa 20 minuti. Una volta dorate, sfornatele e fatele intiepidire: sono pronte! Queste brioscine sono ottime da farcire in versione dolce o salata: in questo caso aggiungete il sale all'impasto prima della lievitazione.

TUORLOROSSO

Le curiosità di Flo

Al contrario delle "brioche col tuppo", queste brioscine sono tipiche di Palermo, dove si trovano in tutti i panifici.

Granita al pistacchio

PORZIONI
6 persone

TEMPO DI PREPARAZIONE
20 minuti

TEMPO DI COTTURA
5 minuti

DIFFICOLTÀ
bassa

INGREDIENTI
- ✓ 500 ml di acqua
- ✓ 100 g di zucchero
- ✓ 100 g di pistacchi tostati non salati
- ✓ 100 g di crema al pistacchio

per decorare
- ✓ panna montata
- ✓ zucchero a velo
- ✓ granella di pistacchi

In un pentolino fate scaldare a fuoco medio l'acqua con lo zucchero finché compariranno delle bollicine. Fate raffreddare il composto.

In un frullatore mettete i pistacchi e la crema al pistacchio. Frullate e aggiungete lo sciroppo appena preparato e raffreddato: dovrete ottenere un composto liscio. Versatelo in un contenitore con il coperchio e mettetelo in freezer per un'ora.

Trascorso questo tempo mescolate nuovamente e ponete di nuovo in freezer per altri 30 minuti. Ripetete questa operazione ogni 30 minuti per 3-4 volte.

Quando volete servire la vostra granita tenetela a temperatura ambiente, lavoratela con una forchetta fino a renderla cremosa e servitela in singole coppe con panna montata e zucchero a velo. Decorate infine con della granella di pistacchi.

Se avete una gelatiera potete mettervi il composto così preparato e lavorarlo fino a quando la granita avrà raggiunto una consistenza ben cremosa.

Granita alla mandorla

PORZIONI
6 persone

TEMPO DI PREPARAZIONE
20 minuti

TEMPO DI COTTURA
5 minuti

DIFFICOLTÀ
bassa

INGREDIENTI
- ✓ 200 ml di acqua
- ✓ 125 g di zucchero
- ✓ 600 ml di latte di mandorla

In un pentolino versate l'acqua, quindi aggiungete lo zucchero e cuocete a fuoco medio fino a quando lo zucchero si sarà sciolto completamente. Fate raffreddare e versate lo sciroppo in un contenitore insieme al latte di mandorla. Mescolate bene e fate riposare in freezer per un'ora.

Trascorso questo tempo riprendete il contenitore e mescolate con una forchetta: romperete così gli eventuali cristalli di ghiaccio che si saranno formati. Mettete di nuovo il contenitore in frigorifero per altri 30 minuti. Ripetete questa operazione ogni mezz'ora per 3-4 volte, dopodiché potrete tenere la granita in freezer fino al momento di servirla.

Prima di servire la vostra granita alla mandorla, tenetela a temperatura ambiente per 30 minuti e iniziate a grattarla con una forchetta fino a quando avrete ottenuto una consistenza cremosa. Adesso potete portarla in tavola!

Se avete una gelatiera potete mettere il composto di latte di mandorla e sciroppo e lavorare fino a quando avrà raggiunto la consistenza desiderata.

Gelo di melone (anguria!)

PORZIONI
8 persone

TEMPO DI PREPARAZIONE
15 minuti

TEMPO DI COTTURA
10 minuti

DIFFICOLTÀ
bassa

INGREDIENTI
per 8 coppe
- 1 kg di succo di anguria (circa 2,5 kg di anguria)
- 90 g di amido di mais
- 90 g di zucchero
- cannella in polvere (oppure fiori di gelsomino)

per decorare
- granella di pistacchi
- gocce di cioccolato

Riducete l'anguria (che in Sicilia è chiamata anche "melone" o *mellone*) in pezzi ed estraetene il succo con l'aiuto di un passaverdure o di un estrattore. Versate un po' del succo ottenuto in una ciotola e aggiungetevi l'amido di mais, quindi mescolate con una frusta. Tenete da parte.

Versate il succo rimanente in un pentolino con lo zucchero e un pizzico di cannella (senza esagerare, per evitare che il gelo perda il suo colore rosso brillante). Al posto della cannella potete usare dei fiori di gelsomino: lasciateli nel succo di anguria per alcune ore, poi eliminateli e procedete alla cottura.

Cuocete a fuoco medio fino a quando lo zucchero si sarà sciolto completamente. Aggiungete, quindi, il succo di anguria in cui avete aggiunto l'amido e continuate a mescolare con la frusta.

Quando il gelo inizierà a prendere consistenza, spegnete il fuoco e versatelo nelle coppe. Fate intiepidire e quindi mettete in frigorifero per almeno 4-5 ore. Trascorso questo tempo decorate con granella di pistacchi e gocce di cioccolato prima di servire.

Crostata con gelo di melone

PORZIONI
8 persone

TEMPO DI PREPARAZIONE
40 minuti

TEMPO DI COTTURA
40 minuti

DIFFICOLTÀ
media

INGREDIENTI
- ✓ 130 g di burro
- ✓ 130 g di zucchero a velo
- ✓ 1 uovo
- ✓ la scorza grattugiata di 1 arancia non trattata (in alternativa, insaporitore all'arancia: vedi la mia ricetta a p. 241)
- ✓ 270 g di farina 00
- ✓ sale
- ✓ legumi secchi per la cottura in bianco (o alla cieca)

per farcire
- ✓ 1 dose di gelo di melone (vedi la mia ricetta a p. 146)

per decorare
- ✓ cioccolato fondente
- ✓ gocce di cioccolato
- ✓ granella di pistacchi

Preparate innanzitutto la pasta frolla. In una terrina mescolate il burro, tenuto a temperatura ambiente, con lo zucchero a velo fino a ottenere una crema liscia. Aggiungete l'uovo, la scorza d'arancia o 1 cucchiaino di insaporitore all'arancia e continuate a lavorare. È il momento di aggiungere la farina, poco alla volta per incorporarla bene, e impastare fino a formare un panetto. Coprite con pellicola per alimenti e fate riposare in frigorifero per un giorno.

Trascorso questo tempo, ammorbidite la frolla così ottenuta e stendetela su un piano di lavoro leggermente infarinato. Trasferitela quindi in uno stampo da 24 cm e ricoprite il fondo e il bordo (in alternativa potete creare delle monoporzioni). Bucherellate con i rebbi di una forchetta la base, così in cottura non si gonfierà, rivestitela con della carta da forno e spargetevi dei legumi per la cottura in bianco o alla cieca, poi fate cuocere a 180 °C per 30-35 minuti. Sfornate e fate raffreddare.

Una volta raffreddato potete spennellare il guscio di frolla con del cioccolato fondente fuso. Fate asciugare. A questo punto versate il gelo di melone tiepido nel guscio di frolla riempiendolo completamente, livellate e fate raffreddare. Ponete in frigorifero per 4-5 ore. Decorate con gocce di cioccolato e granella di pistacchi.

TUORLOROSSO

I suggerimenti di Flo

Se preparate la crostata in anticipo, decorate con gocce e granella solo al momento di servire, così resteranno croccanti.

Biscotti algerini

PORZIONI
8 persone

TEMPO DI PREPARAZIONE
15 minuti

TEMPO DI COTTURA
20 minuti

DIFFICOLTÀ
bassa

INGREDIENTI
- ✓ 85 g di burro
- ✓ 85 g di strutto
- ✓ 25 g di confettura di albicocche
- ✓ 1 uovo
- ✓ 170 g di zucchero semolato
- ✓ 1 bustina di vanillina
- ✓ 80 ml di latte
- ✓ 500 g di farina 00
- ✓ 1/2 bustina di ammoniaca per dolci

per decorare
- ✓ zucchero a velo

Per preparare la frolla, mettete in una terrina il burro e lo strutto a temperatura ambiente, poi aggiungete la confettura, l'uovo e lo zucchero. Iniziate a lavorare con le mani questi primi ingredienti fino a formare una crema. Incorporate, quindi, la vanillina e il latte, sempre mescolando con le mani.

Aggiungete ora la farina, un cucchiaio alla volta, fino a quando avrete formato un panetto morbido e compatto. Coprite con pellicola per alimenti e fate riposare in frigorifero per 2 ore.

Stendete la frolla così ottenuta su un piano di lavoro leggermente infarinato e, usando uno stampo per biscotti dai bordi smerlati, ricavate i biscotti. Poneteli su una teglia e cuocete in forno preriscaldato statico a 180 °C per circa 20 minuti o fino a quando saranno dorati. Il tempo varia in base allo spessore che avete dato ai biscotti.

Sfornateli, fateli raffreddare e cospargeteli con abbondante zucchero a velo. Attenzione: mangiando gli algerini è praticamente impossibile non sporcarsi!

Biscotti di Monreale

PORZIONI
8 persone

TEMPO DI PREPARAZIONE
15 minuti

TEMPO DI COTTURA
30 minuti

DIFFICOLTÀ
bassa

INGREDIENTI
- ✓ 150 ml di latte
- ✓ 1 tuorlo d'uovo
- ✓ 1/2 bustina di ammoniaca per dolci
- ✓ 120 g di zucchero semolato
- ✓ 1 bustina di vanillina
- ✓ 500 g di farina 00
- ✓ 100 g di strutto

per la glassa
- ✓ 30 g di albume pastorizzato
- ✓ succo di limone
- ✓ zucchero a velo

In una terrina versate il latte a temperatura ambiente, quindi aggiungetevi il tuorlo, l'ammoniaca, lo zucchero e la vanillina e amalgamateli usando una forchetta. Aggiungete la farina e lo strutto a temperatura ambiente e lavorate ora con le mani così da formare un panetto compatto. Coprite con pellicola per alimenti e fate riposare in frigorifero per 30 minuti.

Trascorso questo tempo, dividete l'impasto in tocchetti da 40 g ciascuno e ottenete un cordoncino a cui darete la forma a S (tipica di questi biscotti), disponendo ognuno direttamente su una teglia rivestita con carta da forno. Cuocete in forno preriscaldato statico a 200 °C per circa 25-30 minuti. Sfornate e fate raffreddare.

È tempo di decorare: preparate la glassa. In una ciotola mettete l'albume e versateci sopra qualche goccia di succo di limone, iniziando a montare con la frusta. Poco alla volta incorporate dello zucchero a velo fino a ottenere una cremina liscia. Non resta che decorare facendo colare con un cucchiaio un po' di questa glassa sui biscotti così da formare delle righe. Mettete di nuovo i biscotti nel forno, spento ma ancora tiepido, così da far asciugare più velocemente la glassa.

TUORLOROSSO

Le curiosità di Flo

Questi biscotti sono tipici di Monreale, splendida cittadina alle porte di Palermo.

Frutta martorana

PORZIONI
8 persone

TEMPO DI PREPARAZIONE
60 minuti

TEMPO DI COTTURA
-

DIFFICOLTÀ
media

INGREDIENTI
- 1 dose di pasta reale (vedi la mia ricetta a p. 238)

per decorare
- coloranti alimentari
- acqua
- gommalacca alimentare liquida
- decorazioni varie

Rivestite con pellicola per alimenti degli appositi stampini per la frutta martorana e collocate in ognuno un pezzetto di pasta reale. Modellate con le mani esercitando una buona pressione per far aderire bene la pasta allo stampo e poi estraete il frutto così realizzato, eliminando la pellicola.

Rifilate i bordi per eliminare eventuale pasta in eccesso, poi disponete i frutti su una teglia o un vassoio rivestito con carta da forno e fate asciugare per un giorno. Se non avete a disposizione gli appositi stampi per la frutta martorana potete divertirvi a modellare la pasta reale a mano: per esempio, formando delle palline potete simulare mele e arance; dando una forma più allungata invece otterrete dei limoni.

Il giorno successivo potete decorare con i colori alimentari in polvere diluiti con qualche goccia d'acqua. Divertitevi a colorare e a giocare con le sfumature così da rendere la martorana ancora più fedele alla realtà. Fate asciugare per un altro giorno.

A questo punto non resta che lucidare i frutti con la gommalacca e decorarli con piccioli e foglioline, facendo asciugare ancora. Se state creando delle castagne, spolverizzate un po' di zucchero a velo per simulare il sale che di solito si trova sulla loro buccia. Insomma, potete davvero dare libero sfogo alla vostra fantasia! La frutta martorana a questo punto è pronta da consumare. Potrete anche confezionarla in piccole cassettine di legno o in cestini e regalarla ad amici e parenti. Sarà un dono non soltanto squisito ma anche molto elegante da vedere.

→

TUORLOROSSO

I suggerimenti di Flo

Non lavorate a lungo la pasta per evitare che fuoriesca troppo olio. Se dovesse accadere, coprite la pasta con pellicola per alimenti e tenete in frigorifero per 1-2 ore o fino a quando il panetto risulta di nuovo compatto. In alternativa ai coloranti in polvere vanno bene anche quelli in gel. Per diluire i coloranti in polvere, invece, potete usare delle gocce di alcol al posto dell'acqua. Se non avete il glucosio usate stessa quantità di miele.

TUORLO ROSSO

Le curiosità di Flo

La frutta martorana è tipica del 2 novembre, giorno della Commemorazione dei defunti, anche se ormai si trova nelle pasticcerie e nei bar siciliani tutto l'anno dal momento che costituisce un simbolo dei dolci di questa regione.
In occasione del 2 novembre in Sicilia si prepara il *cannistru*, ovvero un cesto pieno di dolci e leccornie di ogni tipo che si regala ai bambini.
È tradizione, infatti, allestirlo la notte tra l'1 e il 2 novembre: i piccoli al loro risveglio troveranno questo carico di dolcetti tipici di questa giornata, una piccola carezza da parte di chi non c'è più. Una tradizione molto antica ma che si rinnova ancora oggi ogni anno.
All'interno del *cannistru* non possono assolutamente mancare: il *pupo* di zucchero al centro e poi la martorana, i mustazzoli, e i classici biscotti dei morti, ovvero i *tetù* e *teio*. Si aggiungono poi biscotti vari come le reginelle e i biscotti di san Martino ma anche melagrana, castagne, frutta secca e dolcetti e cioccolatini a scelta.
Perché si chiama "martorana"? Secondo la tradizione, nel lontano 1194 Goffredo ed Eloisa Martorana fondarono un convento vicino alla chiesa di Santa Maria dell'Ammiraglio, a Palermo, che prese in seguito il nome della coppia e venne conosciuta come chiesa della Martorana.
Eloisa Martorana era una donna gentile e di buon cuore e all'interno del convento accoglieva spesso bambini abbandonati.
Per donare loro un po' di dolcezza preparò con la pasta di mandorle dei dolcetti colorati a forma di frutta, una ricetta appresa da una donna araba che risiedeva proprio nel convento.
Alla morte di Eloisa, le suore decisero di portare avanti la tradizione e si racconta che la mattina del 2 novembre facessero trovare un cesto carico di questi frutti di pasta reale come dono da parte di Eloisa, che li avrebbe portati durante la notte.
Da qui la tradizione del *cannistru*.
Un'altra leggenda narra che a dare vita a questi dolcetti furono le suore della chiesa della Martorana in occasione della visita di Ruggero II, re di Sicilia. Il sovrano, infatti, era curioso di vedere i giardini fioriti e colorati di questo convento di cui aveva tanto sentito parlare.
La visita, però, ebbe luogo in pieno autunno, quando i giardini non erano così rigogliosi. Le suore non si persero d'animo e trovarono una soluzione: realizzare dei frutti di pasta di mandorle e appenderli ai rami degli alberi così da portare colore nel giardino. Il re, entusiasta di fronte a tanta bellezza, decise di cogliere un frutto e di assaggiarlo. Solo a quel punto si rese conto dell'"inganno", sorridendo compiaciuto. Il cancelliere, vista la reazione del sovrano, suggerì di chiamare quei frutti "pasta reale". Per tale ragione questi dolcetti vengono chiamati "martorana" o "pasta reale".

"Tetù" siciliani

PORZIONI
8 persone

TEMPO DI PREPARAZIONE
25 minuti

TEMPO DI COTTURA
25 minuti

DIFFICOLTÀ
media

INGREDIENTI
- ✓ 500 g di farina 00
- ✓ 100 g di farina di mandorle
- ✓ 50 g di cacao amaro in polvere
- ✓ 100 g di zucchero
- ✓ 5 g di ammoniaca per dolci
- ✓ 110 g di strutto
- ✓ 160 g di confettura di albicocche
- ✓ 70 g di mandorle pelate
- ✓ 1 cucchiaino di sale
- ✓ 1/2 cucchiaino di cannella
- ✓ 70 ml di latte

per la glassa al cacao
- ✓ 95 ml di acqua
- ✓ 375 g di zucchero
- ✓ 2 cucchiai di cacao amaro in polvere

Innanzitutto, in una terrina alla farina unite quella di mandorle, poi aggiungete il cacao, lo zucchero e l'ammoniaca. Mescolate con un cucchiaio e mettete ora lo strutto, a temperatura ambiente, la confettura di albicocche e le mandorle tritate grossolanamente al coltello.

Aggiungete il sale, la cannella e per ultimo versate il latte. Amalgamate gli ingredienti con le mani all'interno della terrina fino a quando non avrete ottenuto un panetto che continuerete a impastare su un piano di lavoro, e iniziate a formare i *tetù*.

Dall'impasto ricavate dei tocchetti da 50 g ciascuno, lavorateli con le mani per dare la forma di una pallina. Schiacciatela leggermente e disponete su una teglia il vostro *tetù*. Continuate così fino a formare tutti i biscotti. Poneteli su una teglia, rivestita con carta da forno, e cuocete in forno preriscaldato statico a 180 °C per 20 minuti. Fate raffreddare completamente.

Preparate ora la glassa. In una pentola versate l'acqua e aggiungete lo zucchero, mescolando bene, poi mettete sul fuoco e portate alla temperatura di 110 °C. Vi renderete conto di essere alla giusta gradazione quando lo sciroppo diventerà trasparente e inizieranno a formarsi delle bolle. Spegnete la fiamma e versate lo sciroppo in una ciotola con il cacao. Mescolate con una frusta fino a far scendere la temperatura a 60 °C: capirete di avere raggiunto la gradazione giusta quando la glassa inizierà ad addensarsi.

È il momento di glassare: immergete un *tetù* alla volta nella glassa, rigirandolo in modo che sia completamente glassato, poi disponete ogni dolcetto su una gratella per far colare la glassa in eccesso. Fate raffreddare bene.

TUORLO ROSSO

I suggerimenti di Flo

Raffreddate la glassa poco alla volta, lasciando quella che non serve nel pentolino affinché si mantenga calda e possiate raffreddarla successivamente. Non preoccupatevi se in cottura sentite odore di ammoniaca: è normale e svanirà del tutto quando i biscotti saranno freddi. Per tradizione i *tetù* si preparano per la festività del 2 novembre.

E se volessi preparare i "teio"?

La preparazione dei *teio* è quasi uguale a quella dei *tetù*. In questo caso dovete tralasciare il cacao e aggiungere 50 g di farina di mandorle (in totale, quindi, 150 g). Anche nella glassa non va usato il cacao. Il resto della preparazione è invariato.

TUORLO ROSSO

Le curiosità di Flo

In passato i *tetù* venivano preparati partendo dagli scarti di pasticceria. Con 600 g di scarti basterà aggiungere 200 g di farina 00, 80 g di strutto, 80 g di zucchero più tutti gli altri ingredienti (tranne la confettura). I *tetù* formano i "biscotti dei morti" insieme ai *teio*, che sono la versione senza cacao di questi dolcetti. Sono consumati insieme, tanto da essere chiamati anche "misto dei morti" e aggiunti al *cannistru*.

Buccellato

PORZIONI
8 persone

TEMPO DI PREPARAZIONE
60 minuti

TEMPO DI COTTURA
35 minuti

DIFFICOLTÀ
elevata

INGREDIENTI

per la frolla
- 130 g di burro
- 130 g di zucchero a velo
- 1 uovo
- 270 g di farina 00
- la scorza grattugiata di 1 arancia non trattata
- sale

per il ripieno
- 250 g di fichi secchi
- 20 g di uvetta
- 60 g di noci
- 60 g di mandorle
- 90 g di cioccolato fondente
- 50 g di confettura di albicocche
- 15 ml di Marsala
- 1 bustina di vanillina
- scorze d'arancia candite
- scorze di mandarino candite
- cannella
- pepe
- noce moscata
- sale

per decorare
- 1 cucchiaio di confettura
- 1/2 cucchiaio di acqua
- 1/2 cucchiaio di zucchero a velo
- ciliegie candite
- scorze d'arancia candite
- granella di pistacchio

Preparate innanzitutto la frolla. In una terrina lavorate con le mani il burro con lo zucchero fino a ottenere una crema. Aggiungete l'uovo, un pizzico di sale e la scorza d'arancia, e lavorando con le mani incorporate, poco alla volta, la farina, continuando a impastare nella terrina. Passate poi su un piano di lavoro leggermente infarinato fino a quando avrete formato un panetto morbido. Avvolgetelo con pellicola per alimenti e fate riposare in frigorifero per un giorno.

Nel frattempo dedicatevi al ripieno. Mettete in ammollo i fichi secchi e l'uvetta per 15 minuti. Tritate noci e mandorle in un mixer fino a ottenere una granella, tritate al coltello il cioccolato fondente, e teneteli da parte. Strizzate dall'acqua dell'ammollo l'uvetta, private del picciolo i fichi, ormai ammorbiditi, e riduceteli in purea usando il mixer.

Componete il ripieno riunendo in una terrina la purea di fichi, la confettura, la frutta secca e il cioccolato tenuti da parte, l'uvetta strizzata, le scorze candite di arancia e mandarino, il Marsala e le spezie, ovvero pepe, noce moscata, cannella e una bustina di vanillina. Aggiungete un pizzico di sale e con le mani amalgamate tutti gli ingredienti. Su un piano di lavoro leggermente imburrato formate un filoncino allungato. Avvolgetelo nella pellicola per alimenti e continuate ad allungarlo avvolto nella pellicola così da raggiungere la lunghezza necessaria. Fate riposare in frigorifero per un giorno.

Il giorno seguente con un matterello stendete la frolla su un piano di lavoro un poco infarinato e formate un rettangolo dello spessore di mezzo centimetro. Dopo aver rimosso la pellicola dal ripieno, adagiatelo sulla frolla facendolo fuoriuscire di 4 cm da un lato. Dalla parte opposta invece tagliate la pasta frolla in modo che sbordi di 4 cm rispetto al ripieno. Avvolgete la frolla sul ripieno così da inglobarlo, ritagliando la parte in eccesso.

Arrotolate il cordoncino sul piano di lavoro e inserite la parte di ripieno che sborda nella pasta frolla in eccesso all'estremità opposta. Sigillate bene così da formare un anello, racchiudendo perfettamente il ripieno nella frolla. Trasferite su una teglia rivestita con carta da forno.

Non resta che decorare, usando l'apposita pinza per buccellato che vi permetterà di creare le righe bucherellate tipiche di questo dolce. Sporcate le estremità della pinza con la farina, affondatele nella frolla, stringete la pinza e tirate leggermente la frolla verso l'esterno, ma senza strapparla. Dopo aver pinzato tutto il buccellato, riponete in frigorifero a riposare per altre 24 ore.

Il giorno successivo potete cuocere in forno preriscaldato statico a 200 °C per 35 minuti o fino a quando il buccellato sarà dorato. Con un pennello da cucina spennellate la superficie con un mix di confettura, acqua e zucchero a velo scaldati in un pentolino. Terminate disponendo le scorze d'arancia, le ciliegie candite e la granella di pistacchio sul buccellato in modo che si attacchino al dolce.

TUORLO ROSSO

I suggerimenti di Flo

I tempi di riposo sono fondamentali perché il dolce mantenga la sua forma.
Se preferite una versione ancora più tradizionale, nella frolla potete sostituire il burro con lo strutto.
Se, dopo averlo preparato, lasciate riposare il buccellato per 1-2 giorni sarà ancora più buono.

Le curiosità di Flo

Il buccellato si prepara per l'8 dicembre e durante tutto il periodo natalizio.

Taralle siciliane

PORZIONI
8 persone

TEMPO DI PREPARAZIONE
20 minuti

TEMPO DI COTTURA
20 minuti

DIFFICOLTÀ
media

INGREDIENTI
- 130 g di zucchero
- 120 g di strutto
- 2 uova
- 70 ml di latte
- scorza e succo di 2 limoni non trattati
- semi di anice
- 500 g di farina 00
- 1 bustina di ammoniaca per dolci (10 g)

per la glassa
- 95 ml di acqua
- 375 g di zucchero
- scorza di 1 limone
- 1 bustina di vanillina

Questa specialità si prepara lavorando in una terrina lo zucchero con lo strutto a temperatura ambiente fino a formare una crema. Aggiungete, quindi, le uova e il latte, anche questi a temperatura ambiente, facendo in modo che gli ingredienti siano ben amalgamati.

Versate il succo e la scorza dei limoni e successivamente unite i semi di anice, nella quantità che più vi piace. Potete ora incorporare la farina, poco alla volta, e per finire e l'ammoniaca. Lavorate sempre con le mani e poi trasferite l'impasto su un piano di lavoro leggermente infarinato, lavorandolo fino a ottenere un panetto morbido e omogeneo. Coprite con pellicola per alimenti e mettete in frigorifero per 2 ore.

Dopo il riposo, dividete l'impasto in tocchetti da almeno 100 g ciascuno, allungateli per ottenere dei cordoncini, e ripiegateli per formare un ferro di cavallo. Intrecciate i due lembi, poi chiudete ad anello facendo un po' di pressione per sigillare le due estremità (così non si staccano in fase di cottura). Ecco formata la prima taralla!

Disponete tutte le taralle su una teglia foderata con carta da forno e cuocete in forno preriscaldato statico a 200 °C per circa 15 minuti o fino a quando saranno appena dorate. Sfornate e fate raffreddare completamente.

È il momento di glassare. In un pentolino mettete lo zucchero, poi versate l'acqua e mescolate. Ponete sul fuoco e portate la temperatura a 110 °C (se non avete un termometro capirete di essere arrivati alla giusta gradazione perché il composto diventerà trasparente e si formeranno delle bolle).

Spegnete il fuoco e versate metà dello sciroppo in una ciotola con la scorza del limone e la vanillina. Mescolando con una frusta fate scendere la temperatura dello sciroppo fino a 60 °C circa (se non avete il termometro capirete che la glassa è pronta perché inizierà ad addensarsi e a diventare bianca).

Per una glassa più consistente di questa che vi propongo dovrete semplicemente attendere che si raffreddi di più. Più scenderà di temperatura, infatti, e più risulterà densa e coprente. Decidete, quindi, in base ai vostri gusti.

→

Adesso potete immergere una taralla alla volta nella glassa, rigirandola bene così da coprirla completamente. Sgocciolatela e disponete tutte le taralle su una gratella a raffreddare.

Quando avrete terminato la glassa, o sarà diventata troppo densa, versate l'altra metà dello sciroppo tenuta da parte nel pentolino (in questo modo è rimasta calda) e raffreddate anche questa mescolando con la frusta. Non appena anche questo sciroppo sarà arrivato alla giusta temperatura e avrà raggiunto la giusta consistenza potete glassare le taralle rimanenti.

Fate raffreddare completamente le taralle prima di consumarle. Noterete che più si asciugheranno e più la glassa diventerà bianca.

TUORLOROSSO

I suggerimenti di Flo

Non fate cuocere troppo le taralle in forno per evitare che perdano la loro caratteristica morbidezza. Se non amate i semi di anice potete sostituirli con qualche cucchiaio di liquore all'anice. Al posto dell'ammoniaca per dolci potete usare stessa quantità di lievito vanigliato; lo strutto, invece, potrà essere sostituito con stessa quantità di burro. La consistenza delle vostre taralle sarà un po' diversa ma saranno comunque ottime.

Le curiosità di Flo

Anche le taralle si preparano e si consumano per la Commemorazione dei defunti, il 2 novembre, e si usano per arricchire il *cannistru*, il cesto dedicato ai bambini in occasione di questa festività. A Palermo vengono chiamate taralle, ma in altre zone della Sicilia questi dolci sono detti "taralli".

E se volessi prepararle al cioccolato?

INGREDIENTI
- ✓ 450 g di farina 00
- ✓ 50 g di cacao amaro in polvere
- ✓ 2 uova
- ✓ 120 ml di latte
- ✓ 120 g di strutto
- ✓ 130 g di zucchero
- ✓ 1 bustina di ammoniaca per dolci (10 g)
- ✓ semi di anice

per la glassa
- ✓ 375 g di zucchero
- ✓ 95 ml di acqua
- ✓ 2 cucchiai di cacao amaro in polvere

Se volete crearne una variante al cioccolato sarà davvero facilissimo riuscire: la preparazione è praticamente la stessa. Il procedimento e la tecnica usati per fare la glassa rimarranno invariati. A cambiare, come vedete, sono alcuni ingredienti. Quando raffreddate lo sciroppo fatelo sempre metà per volta, aggiungendo quindi solo un cucchiaio di cacao. Aggiungerete il secondo quando raffredderete la seconda metà di sciroppo. Io preferisco tenere invariata la quantità di zucchero rispetto alle taralle al limone perché mi piace avvertire più contrasto tra la taralla e la glassa di zucchero. Se, però, volete delle taralle più dolci aggiungete 20 g di zucchero all'impasto.

A me piace anche mantenere anche i semi di anice nell'impasto, ma se preferite potete non utilizzarli in questa versione. Come si fa per *tetù* e *teìo*, potrete divertirvi a preparare le taralle in due varianti diverse, così da dare un tono di colore ancora più particolare al vostro *cannistru*.

Paste di mandorla

PORZIONI
6 persone

TEMPO DI PREPARAZIONE
15 minuti

TEMPO DI COTTURA
15 minuti

DIFFICOLTÀ
bassa

INGREDIENTI
per 15 paste
- 2 albumi (70 g)
- 3 gocce di aroma di mandorle amare
- 250 g di farina di mandorle
- 150 g di zucchero a velo

per decorare
- zucchero a velo
- zucchero semolato
- ciliegie candite
- mandorle pelate

Lavorate gli albumi in una terrina usando una frusta, battendoli fino a quando si formerà una schiuma. Aggiungete l'aroma di mandorle, la farina di mandorle e lo zucchero a velo.

Mescolate gli ingredienti con una forchetta e poi con le mani, facendo una leggera pressione schiacciando il composto perché la farina di mandorle rilasci il suo olio.

Dopo aver ottenuto un panetto compatto e non appiccicoso trasferitevi su un piano di lavoro e formate una palla. Copritela con pellicola per alimenti e fate riposare in frigorifero per una decina di minuti.

Riprendete l'impasto e riducetelo in tocchetti più piccoli, con questi formate delle palline e... dedicatevi alla decorazione.

Passate le palline nello zucchero a velo e, facendo dei pizzichi al centro con pollice e indice, darete forma ai vostri "pizzicotti" alle mandorle. Potete anche passare le palline leggermente appiattite nello zucchero semolato e decorarle al centro con mezza ciliegia candita o con una mandorla pelata.

Disponete le paste di mandorla su una teglia rivestita con carta da forno e cuocete in forno statico preriscaldato a 170 °C per circa 15 minuti.

TUORLO ROSSO

I suggerimenti di Flo

Non esercitate una forte pressione perché altrimenti dalla farina di mandorle fuoriuscirebbe troppo olio, di conseguenza l'impasto diventerebbe eccessivamente morbido e i biscotti si appiattirebbero in cottura. Se notate che l'impasto è troppo unto fatelo riposare in frigorifero per 2 ore prima di formare le paste. In alternativa all'aroma di mandorle amare potete usare una fialetta di aroma di mandorle.

Biscotti di san Martino con ricotta

PORZIONI
7 persone

TEMPO DI PREPARAZIONE
40 minuti

TEMPO DI COTTURA
22 minuti

DIFFICOLTÀ
media

INGREDIENTI
- ✓ 20 g di lievito di birra fresco
- ✓ 150 ml di acqua
- ✓ 500 g di farina 00
- ✓ 100 g di zucchero semolato
- ✓ 90 g di strutto + extra per la lavorazione
- ✓ 15 g di semi di anice
- ✓ sale
- ✓ chiodi di garofano in polvere
- ✓ cannella

per bagnare
- ✓ vino moscato

per farcire
- ✓ 1/2 dose di crema di ricotta (vedi la mia ricetta a p. 244)

per decorare
- ✓ zucchero a velo
- ✓ cannella

Per preparare l'impasto sciogliete per prima cosa in una ciotolina il lievito di birra nell'acqua tiepida. In una planetaria mettete la farina, lo zucchero, lo strutto (meglio se a temperatura ambiente, così è ben lavorabile) e azionate l'apparecchio. Versatevi a filo l'acqua con il lievito. Azionate la planetaria a bassa velocità fino a quando si sarà formato un panetto compatto. Aggiungete ora i semi di anice e un pizzico di sale e successivamente anche un pizzico di chiodi di garofano e di cannella in polvere. Azionate la planetaria per altri 2-3 minuti.

Trasferite l'impasto su un piano di lavoro unto con dello strutto e formate una palla. Ungete con dello strutto l'impasto anche in superficie (è un impasto poco idratato, che tende a seccarsi) e ponetelo in una terrina dove deve lievitare per un'ora.

Dopo la lievitazione dividete l'impasto in 4 parti, che lavorerete sul piano di lavoro. Ogni parte andrà ridotta in un filoncino da cui ricaverete dei tocchetti da 60 g ciascuno. Allungate ogni tocchetto così da formare un cordoncino, che dovrete arrotolare così da dargli una forma a chiocciola. Sigillate l'estremità della pasta aiutandovi con un goccio d'acqua ed esercitando una leggera pressione.

Dopo aver formato tutti i biscotti cuoceteli in forno statico preriscaldato a 180 °C per 20 minuti. Una volta pronti sfornateli e fateli raffreddare completamente. Rimuovete la parte superiore del biscotto, che formerà il cappellino dei dolcetti.

Bagnate con il moscato (puro o diluito con acqua) la base del biscotto e farcite con la crema di ricotta. Riposizionate la parte di biscotto rimossa precedentemente (e inzuppata velocemente nel moscato), infine decorate con una generosa spolverizzata di zucchero a velo e di cannella.

TUORLOROSSO

I suggerimenti di Flo

L'impasto è molto compatto ma è normale: non aggiungete altra acqua ma continuate a lavorare e, se necessario, ungetevi le mani con dello strutto. Se volete preparare questi biscotti nella versione secca vi basterà spegnere il forno quando sono cotti e lasciarli dentro fino a quando si saranno raffreddati. A Palermo si consumano l'11 novembre, festa di san Martino.

"Cuccìa" di santa Lucia

PORZIONI
6 persone

TEMPO DI PREPARAZIONE
30 minuti

TEMPO DI COTTURA
60 minuti

DIFFICOLTÀ
bassa

INGREDIENTI
- 125 g di grano tenero
- 1/2 dose di crema di ricotta (vedi la mia ricetta a p. 244)
- scorze d'arancia candite
- ciliegie candite
- gocce di cioccolato fondente

La prima cosa da fare è tenere il grano in ammollo almeno per un giorno intero. Il giorno successivo cambiate l'acqua e tenete in ammollo per un altro giorno. Il terzo giorno potete scolarlo e farlo cuocere in una pentola con abbondante acqua per 1 ora. Una volta cotto, scolate il grano e lasciatelo raffreddare completamente.

Una delle versioni più classiche della *cuccìa* è proprio questa, con la crema di ricotta. In questo caso dovrete aggiungere al grano ormai freddo la crema di ricotta nella quantità che preferite.

Mettete il composto in una coppa e decorate con scorza d'arancia e mezza ciliegia candita. Terminate con delle gocce di cioccolato. Le decorazioni, però, possono cambiare a seconda dei vostri gusti e degli accostamenti di colore che volete creare.

TUORLOROSSO

I suggerimenti di Flo

I giorni di ammollo del grano servono a diminuirne i tempi di cottura, quindi se li riducete dovrete cuocerlo più a lungo. Alla *cuccìa* potete aggiungere anche della zuccata.

E se volessi prepararla al cioccolato?

INGREDIENTI

- 125 g di grano tenero
- 150 ml di latte intero
- 50 g di zucchero
- 15 g di maizena
- 50 g di cacao amaro in polvere
- 60 g di cioccolato fondente
- scorze d'arancia candite
- granella di pistacchi

Per la versione al cioccolato, preparate comunque il grano come per la ricetta precedente. Ora però in un pentolino versate il latte, aggiungete lo zucchero, la maizena e il cacao, poi mescolate senza accendere il fuoco.

Quando avrete ottenuto un composto liscio potete iniziare a cuocere a fuoco medio. Appena il composto sarà caldo aggiungete anche il cioccolato fondente tritato al coltello, mescolando continuamente per farlo sciogliere. Quando avrà una consistenza densa come un budino potete aggiungere il grano, ma sempre mescolando molto bene.

Versate ora in una coppa e servite decorando con scorza d'arancia e granella di pistacchi.

TUORLOROSSO

Le curiosità di Flo

La *cuccìa* si mangia in occasione di santa Lucia, perciò il 13 dicembre, come ringraziamento alla santa per aver sfamato la popolazione durante una grave carestia che, tra il Seicento e il Settecento, colpì la Sicilia. La leggenda narra che i siciliani, ormai allo stremo, chiesero aiuto a santa Lucia. Il giorno successivo arrivò una nave carica di grano: un vero miracolo attribuito all'intervento della santa. Il popolo aveva fame e quindi non c'era tempo di trasformare il grano in farina. Il grano, quindi, venne cotto e consumato condito semplicemente con dell'olio.
Ogni anno, perciò, in Sicilia sin da allora il 13 dicembre non si consumano pane, pasta e tutto ciò che contenga derivati del grano ma si prepara la *cuccìa*. In questa giornata di solito si mangiano anche panelle, *crocchè*, arancine e *gateau* di patate.

Cassata al forno

PORZIONI
8 persone

TEMPO DI PREPARAZIONE
60 minuti

TEMPO DI COTTURA
45 minuti

DIFFICOLTÀ
media

INGREDIENTI

per la frolla
- ✓ 250 g di burro
- ✓ 250 g di zucchero a velo
- ✓ 500 g di farina 00
- ✓ 2 uova
- ✓ la scorza grattugiata di 1 arancia non trattata
- ✓ sale

per farcire
- ✓ 2 dosi di crema di ricotta (vedi la mia ricetta a p. 244)
- ✓ 1 pan di Spagna da 18 cm (vedi la mia ricetta a p. 246)

per decorare
- ✓ zucchero a velo

Per preparare la frolla, in una terrina lavorate con le mani il burro con lo zucchero fino a ottenere una crema. Aggiungete le uova e continuate a lavorare con le mani. Unite anche la scorza d'arancia e il sale e, poco alla volta, la farina, continuando a impastare nella terrina e passando poi su un piano di lavoro leggermente infarinato fino a quando avrete formato un panetto morbido. Copritelo con pellicola per alimenti e fate riposare in frigorifero per un giorno.

Trascorso questo tempo, stendete la pasta frolla sul piano di lavoro leggermente infarinato finché è abbastanza larga per foderare il fondo e il bordo di una tortiera di 24 cm di diametro con apertura a cerniera, precedentemente imburrata e infarinata. Tenete da parte la frolla che avanza. Modellate bene con le mani e bucherellate il fondo con i rebbi di una forchetta (così non si solleva in cottura).

Adesso tagliate a metà, in orizzontale, in pan di Spagna. Adagiate il primo disco sulla base e su questo stendete la crema di ricotta, livellandola bene per avere uno strato omogeneo. Ora sulla crema adagiate il secondo disco di pan di Spagna e chiudete con un disco della pasta frolla tenuta da parte, stendendolo fino a ricavarne un disco dello stesso diametro della tortiera. Sigillate bene i bordi per evitare che la frolla si apra durante la cottura: è un passaggio importante!

Con la punta di un coltello bucherellate invece la superficie per far fuoriuscire il vapore in cottura. Fate cuocere in forno statico preriscaldato a 180 °C per circa 45 minuti o fino a doratura. Sfornate e fate raffreddare completamente prima di staccare la cassata dallo stampo.

È il momento di decorare: spolverizzate la cassata con abbondante zucchero a velo e create la classica decorazione dapprima tracciando delle righe parallele con la punta di un coltello ben affilato. Fate poi ruotare leggermente la cassata e tracciate altre righe parallele fino a formare i rombi tipici di questo dolce.

TUORLOROSSO

Le curiosità di Flo

La cassata al forno si trova ormai tutto l'anno ma è tipica del periodo natalizio.

Cassatelle siciliane

PORZIONI
8 persone

TEMPO DI PREPARAZIONE
20 minuti

TEMPO DI COTTURA
5 minuti

DIFFICOLTÀ
media

INGREDIENTI
- ✓ 230 g di farina 00
- ✓ 30 g di zucchero
- ✓ 40 ml di olio e.v.o.
- ✓ 100 ml di vino bianco
- ✓ la scorza grattugiata di 1 limone non trattato
- ✓ 1/2 dose di crema di ricotta (vedi la mia ricetta a p. 244)
- ✓ olio di semi di arachide
- ✓ zucchero a velo

Preparate innanzitutto la pasta che caratterizza questo dolce. In una terrina riunite la farina e zucchero, versate l'olio, poi aggiungete la scorza di limone e iniziate a lavorare l'impasto con le mani, sbriciolandolo.

Versate anche il vino, poco alla volta, e continuate a impastare nella terrina fino a ottenere un panetto liscio. Avvolgetelo nella pellicola per alimenti e fate riposare per 30 minuti a temperatura ambiente.

Trascorso il tempo del riposo, riprendete l'impasto e con il matterello stendetelo ben sottile (2-3 mm). Se usate la sfogliatrice arrivate fino al numero 3. Con un coltello ricavate dalla pasta delle strisce.

È il momento di formare le cassatelle. Mettete una cucchiaiata di crema di ricotta sulla sfoglia e ripiegate la pasta per coprirla del tutto. Premete con le dita per fare fuoriuscire l'aria e con una rotella dai bordi dentati intagliate la pasta dandole la caratteristica forma di una mezzaluna. Proseguite così fino a formare tutte le cassatelle, utilizzando anche i ritagli di pasta dopo averli stesi di nuovo.

Friggete le cassatelle in olio di semi a 170-180 °C. Rigirate così da farle dorare in modo omogeneo e quindi scolate e trasferitele su un foglio di carta da cucina per eliminare l'olio in eccesso. Spolverizzatele con lo zucchero a velo solo quando saranno tiepide.

Cannoli siciliani

PORZIONI
8 persone

TEMPO DI PREPARAZIONE
40 minuti

TEMPO DI COTTURA
5 minuti

DIFFICOLTÀ
media

INGREDIENTI
- ✓ 200 g di farina 00
- ✓ 50 g di semola di grano duro rimacinata
- ✓ 25 g di strutto
- ✓ 30 g di zucchero semolato
- ✓ 5 g di cacao amaro in polvere
- ✓ cannella
- ✓ 5 g di sale
- ✓ 20 g di aceto di vino
- ✓ 60 g di vino bianco
- ✓ 20 g di Marsala
- ✓ olio di semi di arachide

per farcire e decorare
- ✓ 1/2 dose di crema di ricotta (vedi la mia ricetta a p. 244)
- ✓ granella di pistacchi
- ✓ ciliegie candite
- ✓ scorze d'arancia candite
- ✓ zucchero a velo

Preparate innanzitutto le scorze. In una terrina riunite la farina, la semola, lo strutto e lo zucchero. Aggiungete anche il cacao, un pizzico di cannella e il sale, quindi procedete versando gli ingredienti liquidi, ovvero l'aceto, il vino e il Marsala. Adesso potete impastare con le mani tutti gli ingredienti fino a ottenere un panetto omogeneo. Avvolgetelo nella pellicola per alimenti e fate riposare in frigorifero per un'ora.

Trascorso questo tempo, staccatene dei pezzi e stendeteli un po' alla volta, usando la posizione 1 di una macchina per fare la pasta (chiamata anche "Nonna Papera"), ripassando per 3-4 volte l'impasto. Poi ripiegatelo su se stesso e passatelo nuovamente, ma nelle successive posizioni, fino ad arrivare alla numero 5, per una sfoglia piuttosto sottile. Disponete le strisce su un piano di lavoro e copritele con un foglio di pellicola per alimenti affinché la pasta non si secchi.

Con l'apposito attrezzo ricavate ora dei rombi di pasta. Avvolgete ogni rombo nei cannelli di alluminio utilizzati per questi dolci, facendo aderire i lembi di pasta e sigillandoli con dell'acqua esercitando un po' di pressione. State attenti però a non avvolgerli troppo stretti: dovete lasciare un po' di spazio tra la pasta e il cannello perché l'olio caldo poi possa penetrare anche nella parte vicino al cannello, cuocendole bene.

Non resta che friggere in olio ben caldo fino a quando le scorze verranno a galla e si formeranno delle bolle sulla superficie. Dopo circa 4-5 minuti scolatele, trasferitele su un foglio di carta da cucina per eliminare l'olio in eccesso (scolate però quando le cialde sono ancora appena dorate perché continueranno a scurirsi dopo averle scolate dall'olio). Fate intiepidire prima di sfilare il cannello.

È il momento di riempire le scorze con la crema di ricotta (aiutatevi con una spatola stretta per riempire bene questi gusci), poi decorate con granella di pistacchi, mezza ciliegia candita da una parte e una scorza d'arancia candita dall'altra. Un po' di zucchero e velo e i vostri cannoli sono pronti da servire!

Biscotti tricotti

PORZIONI
-

TEMPO DI PREPARAZIONE
15 minuti

TEMPO DI COTTURA
55 minuti

DIFFICOLTÀ
bassa

INGREDIENTI
- ✓ 70 ml di acqua
- ✓ 80 g di lievito madre rinfrescato
- ✓ 200 g di farina 00
- ✓ 40 g di zucchero
- ✓ 30 g di strutto
- ✓ sale

In una ciotola sciogliete nell'acqua a temperatura ambiente il lievito madre rinfrescato da 3 ore. In una planetaria o in una terrina mettete invece la farina con lo zucchero, mescolate e fate una conca al centro dove versare l'acqua in cui avete sciolto il lievito madre. Iniziate a impastare con le mani.

Aggiungete ora lo strutto, tenuto a temperatura ambiente per almeno 30 minuti, e per ultimo un pizzico di sale. Continuate a impastare fino a ottenere un panetto morbido e compatto.

Da questo impasto ricavate dei tocchetti da circa 25 g ciascuno, stendeteli su un piano di lavoro e date a ciascuno una forma allungata, fino a creare dei cordoncini lunghi circa 10-12 cm. Disponeteli su una teglia, rivestita con carta da forno, e fate lievitare per almeno 3 ore in forno spento.

Trascorso questo tempo, fate cuocere in forno ventilato a 230 °C per 15 minuti. Sfornate, abbassate la temperatura del forno a 150 °C e proseguite la cottura per altri 40 minuti. Spegnete il forno e tenete i biscotti all'interno fino a quando si saranno raffreddati completamente. In questo modo il biscotto risulterà ben asciutto e consistente.

TUORLOROSSO

Le curiosità di Flo

I tricotti sono dei biscotti spesso destinati ai bambini piccoli in fase di dentizione. Infatti, poiché sono molto cotti, con poco zucchero e croccanti sono perfetti da far sgranocchiare ai più piccini.

Genovesi palermitane

PORZIONI
8 persone

TEMPO DI PREPARAZIONE
60 minuti

TEMPO DI COTTURA
20 minuti

DIFFICOLTÀ
bassa

INGREDIENTI
- ✓ 170 g di zucchero
- ✓ 170 g di burro
- ✓ 1 uovo
- ✓ ammoniaca in polvere per dolci
- ✓ 1 bustina di vanillina
- ✓ 10 g di miele
- ✓ la scorza grattugiata di 1 limone non trattato
- ✓ 60 ml di latte
- ✓ 500 g di farina 00

per il ripieno
- ✓ 1 dose di crema di ricotta (vedi la mia ricetta a p. 244)

per decorare
- ✓ zucchero a velo

Preparate innanzitutto la frolla: in una terrina con una forchetta lavorate lo zucchero con il burro, ammorbidito a temperatura ambiente, fino a formare una crema. Aggiungete l'uovo, incorporandolo bene, e poi un pizzico di ammoniaca, la vanillina, il miele e scorza di limone. Continuate a mescolare. Versate anche il latte, a temperatura ambiente, e infine incorporate poco alla volta la farina. Lavorate adesso con le mani fino a formare un panetto morbido e compatto. Copritelo con pellicola per alimenti e fate riposare in frigorifero per almeno un'ora.

Terminato il riposo stendete la frolla non troppo sottile su un piano di lavoro leggermente infarinato e, con un coppapasta o un bicchiere dal bordo largo, ricavate dei dischetti, che spianerete un po' per dare una forma allungata (tenete da parte i ritagli di frolla, potete impastarli di nuovo per formare altri dischetti). In ognuno mettete della crema di ricotta, e piegate a metà. Sigillate bene i bordi facendo pressione tutt'intorno alla crema in modo che fuoriescano eventuali bolle d'aria. Rifilate i bordi con una rotella dentata e quindi piegate delicatamente le due estremità verso la parte centrale della vostra genovese per darle la sua tipica forma.

Trasferite le genovesi così formate su una teglia e mettete in frigorifero a riposare per un'ora. Trascorso questo tempo potete cuocere in forno ventilato a 190 °C per 20 minuti o fino a doratura. Fate intiepidire e spolverizzate le genovesi con zucchero a velo.

TUORLOROSSO

I suggerimenti di Flo

La crema di ricotta può essere sostituita con crema pasticcera, creme spalmabili o confettura a vostra scelta. Se preparate le genovesi in più gusti potete aggiungere una spolverizzata di cannella in polvere su quelle con la crema di ricotta, così da distinguerle!

Lievitati

Sfincione palermitano

PORZIONI
6 persone

TEMPO DI PREPARAZIONE
40 minuti

TEMPO DI COTTURA
45 minuti

DIFFICOLTÀ
media

INGREDIENTI
- ✓ 375 g di farina 00
- ✓ 125 g di semola di grano duro rimacinata
- ✓ 10 g di lievito di birra fresco
- ✓ 25 ml di olio e.v.o.
- ✓ 15 g di zucchero
- ✓ 250 ml di acqua
- ✓ 13 g di sale

per condire
- ✓ 1 vasetto di filetti di acciuga
- ✓ 3 cipolle medie
- ✓ 400 g di polpa di pomodoro
- ✓ caciocavallo a cubetti
- ✓ pangrattato
- ✓ 130 g di caciocavallo grattugiato
- ✓ origano
- ✓ olio e.v.o.
- ✓ sale, pepe

In una terrina o in una planetaria mescolate la farina con la semola e il lievito. Versate l'olio, unite lo zucchero e lavorate per amalgamare questi primi ingredienti. Versate poco per volta anche l'acqua e continuate a lavorare finché avrete ottenuto un panetto, compatto ed elastico. Aggiungete il sale. Adesso formate con le mani una palla, mettetela in una terrina e lasciate lievitare in forno spento ma con luce accesa per 3 ore.

Nel frattempo preparate il condimento. In una casseruola fate scaldare dell'olio e sciogliete metà dose di filetti di acciuga. Aggiungete anche le cipolle affettate (o tritate, se preferite) e cuocete fino a farle appassire. Unite la polpa di pomodoro, regolate di sale e pepe e proseguite la cottura a fuoco medio fino a quando le cipolle saranno quasi disfatte.

Trascorso il tempo della lievitazione, stendete l'impasto in una teglia unta d'olio così da ricoprire completamente la base. Fate lievitare per un'altra ora nel forno spento, dopodiché cospargete la superficie con dei cubetti di caciocavallo e le acciughe tenute da parte facendo un po' di pressione sull'impasto così da farli sprofondare leggermente.

Versate il sugo ormai freddo o, meglio ancora, tiepido così da ricoprire tutto l'impasto. Cuocete in forno preriscaldato statico a 200 °C per 20 minuti.

Sfornate lo sfincione e spolverizzatelo con del pangrattato, il caciocavallo grattugiato, un po' di origano e un giro di olio, quindi infornate nuovamente per altri 10 minuti, sempre a 200 °C. Sfornate e servite.

TUORLO ROSSO

I suggerimenti di Flo

Lo sfincione si può mangiare sia caldo sia a temperatura ambiente.

Le curiosità di Flo

Questa specialità viene consumata tutto l'anno ma caratterizza in particolare la vigilia dei giorni di festa, come il 24 e il 31 dicembre.

Sfincione bagherese

PORZIONI
6 persone

TEMPO DI PREPARAZIONE
40 minuti

TEMPO DI COTTURA
45 minuti

DIFFICOLTÀ
media

INGREDIENTI
✓ 10 g di lievito di birra fresco
✓ 375 g di farina 00
✓ 125 g di semola di grano duro rimacinata
✓ 25 ml di olio e.v.o.
✓ 15 g di zucchero
✓ 250 ml di acqua
✓ 13 g di sale

per condire
✓ 10 filetti di acciuga
✓ 3 cipolle bianche
✓ 200 g di mollica di pane
✓ 40 g di caciocavallo grattugiato
✓ 300 g di tuma
✓ 400 g di ricotta di pecora
✓ olio e.v.o.
✓ sale, pepe
✓ origano

In una terrina sbriciolate il lievito nella farina e aggiungete anche la semola. Versate l'olio, aggiungete lo zucchero e poco per volta l'acqua a temperatura ambiente, mescolando con una forchetta. Dopo aver formato un panetto potete aggiungere il sale, poi passate su un piano di lavoro leggermente infarinato e continuate a lavorare per qualche altro minuto.

Formate una palla, ponetela in una terrina, coprite con pellicola per alimenti e fate lievitare in forno spento con luce accesa per 3 ore.

Nel frattempo preparate il condimento. In una casseruola versate un po' d'olio e fate sciogliere i filetti di acciuga. Aggiungete le cipolle affettate (o tritata, se preferite) e cuocete a fuoco medio così da farle appassire. Regolate di sale e pepe. Quando le cipolle saranno ben cotte, spegnete la fiamma e fate raffreddare. Tenete da parte.

In una padella fate tostare la mollica di pane sbriciolata con dell'olio, un po' di sale, origano e pepe. Spegnete, fate intiepidire e aggiungete il caciocavallo grattugiato.

Riprendete l'impasto ormai lievitato e stendetelo su una teglia unta con dell'olio fino a coprire tutta la superficie. Aggiungete i filetti di acciuga, poi la tuma e la ricotta a fette e unite quindi le cipolle, così da coprire i formaggi. Cospargete su tutto il condimento la mollica appena tostata. Fate lievitare per un'altra ora.

Finita anche questa lievitazione, irrorate la superficie con dell'olio e spargete altro origano, quindi cuocete in forno preriscaldato statico a 200 °C per circa 30 minuti. Sfornate e servite tiepida o a temperatura ambiente questa specialità tipica di Bagheria, cittadina alle porte di Palermo.

TUORLOROSSO

I suggerimenti di Flo

Se volete una mollica meno croccante, potete evitare la tostatura in padella. Per renderla più saporita, invece, aggiungete anche il sughetto che le cipolle rilasciano durante la cottura.

Pizza alta in teglia

PORZIONI
4 persone

TEMPO DI PREPARAZIONE
20 minuti

TEMPO DI COTTURA
50 minuti

DIFFICOLTÀ
bassa

INGREDIENTI
- ✓ 250 g di farina 00
- ✓ 250 g di farina manitoba
- ✓ 15 g di lievito di birra fresco
- ✓ 10 g di zucchero
- ✓ 55 ml di olio d'oliva
- ✓ 1 cucchiaino di sale
- ✓ 380 ml di acqua tiepida

per condire
- ✓ 350 ml di passata di pomodoro
- ✓ 300 g di mozzarella a cubetti
- ✓ olio e.v.o.
- ✓ sale
- ✓ origano

In una terrina riunite le farine e sbriciolatevi il lievito fresco. Aggiungete anche lo zucchero, l'olio e il sale e iniziate a impastare con le mani. Poco per volta versate l'acqua, lavorando fino a quando avrete ottenuto un impasto liscio e molto idratato, quasi una pastella densa. Coprite con pellicola per alimenti e fate lievitare per 2 ore in forno spento ma con luce accesa.

Trascorso questo tempo trasferite l'impasto in una teglia unta d'olio e stendetelo con le mani su tutta la base. Aggiungete la passata di pomodoro (meglio se tiepida, così da favorire la seconda lievitazione), già condita con sale, olio e origano, e ricoprite tutta la superficie. Fate lievitare per altri 20 minuti in forno spento ma con luce accesa.

Ora cuocete in forno preriscaldato statico a 215 °C per 20 minuti. Sfornate la pizza, aggiungete la mozzarella e infornate per altri 10 minuti. La pizza sarà pronta quando la mozzarella si sarà sciolta completamente. Servite con dell'altro origano.

TUORLO ROSSO

Le curiosità di Flo

La pizza in teglia è tipica del sabato sera ma in Sicilia, insieme allo sfincione, viene consumata durante la vigilia di festività come il 24 e il 31 dicembre.

Pane di san Giuseppe

PORZIONI
10 persone

TEMPO DI PREPARAZIONE
20 minuti

TEMPO DI COTTURA
15 minuti

DIFFICOLTÀ
bassa

INGREDIENTI
- ✓ 250 g di semola di grano duro rimacinata
- ✓ 250 g di farina Manitoba
- ✓ 1 bustina di lievito di birra disidratato
- ✓ 1 cucchiaino di miele
- ✓ 250 ml di acqua
- ✓ 50 g di olio e.v.o.
- ✓ 15 g di sale
- ✓ 5 g di semi di finocchio

In una terrina riunite la semola con la farina. Mescolate bene con una forchetta, incorporate il lievito di birra, mescolate ancora, quindi aggiungete il miele e versate l'acqua, poco per volta.

Quando comincerà a formarsi un panetto, iniziate a impastare con le mani. Adesso versate anche l'olio, aggiungete il sale e successivamente i semi di finocchio. Ottenuto un panetto liscio, formate una palla, riponetela in una terrina coprendo con pellicola per alimenti e fate lievitare per 2 ore.

Trascorso questo tempo, trasferitevi su un piano di lavoro, leggermente infarinato. Dividete il panetto in tocchetti da 70 g ciascuno. Portate i lembi esterni di ogni tocchetto verso l'interno, formate una pallina e disponetela su una teglia rivestita con carta da forno. Proseguite così con il resto dell'impasto. Praticate un taglio a croce sulla superficie di ogni panino e fate lievitare per un'altra ora.

Cuocete in forno preriscaldato statico a 200 °C per 15 minuti o fino a quando i panini saranno dorati in superficie.

TUORLO ROSSO

I suggerimenti di Flo

Per ottenere una crosta più consistente, tenete un pentolino con dell'acqua sul fondo del forno già durante il preriscaldamento.

Le curiosità di Flo

Questo pane si prepara per la festa di san Giuseppe, il 19 marzo. Si porta in chiesa per farlo benedire e si consuma poi in famiglia, a pranzo.

Torcigliati palermitani

PORZIONI
6 persone

TEMPO DI PREPARAZIONE
30 minuti

TEMPO DI COTTURA
35 minuti

DIFFICOLTÀ
bassa

INGREDIENTI
- ✓ 15 g di lievito di birra fresco
- ✓ 500 g di farina 00 (consigliata 230 W)
- ✓ 280 ml di acqua
- ✓ 1 cucchiaino di zucchero
- ✓ 2 cucchiaini di miele
- ✓ 15 g di sale
- ✓ semi di sesamo

Per prima cosa in una terrina fate sciogliere il lievito di birra nell'acqua a temperatura ambiente e aggiungete lo zucchero e il miele. Mescolate e, poco alla volta, incorporate la farina, lavorando con le mani. Quando inizierà a prendere forma un panetto, aggiungete anche il sale e continuate a lavorare, dapprima nella terrina e successivamente su un piano di lavoro, leggermente infarinato, fino a ottenere un panetto liscio, morbido e non più appiccicoso. Formate una palla e fate lievitare per 2 ore, o fino al raddoppio, in forno spento ma con luce accesa.

Terminata la lievitazione, riprendete l'impasto e dividetelo in 3 parti uguali. Stendete ogni pezzo sul piano di lavoro, un poco infarinato, fino a formare un rettangolo che dovrete avvolgere su se stesso così da ottenere un rotolo. Fate riposare per 10 minuti.

Ora allungate ogni rotolo sul piano di lavoro fino a formare un cordoncino di circa 50 cm. Piegatelo a ferro di cavallo e intrecciatelo 3 volte tenendo le due estremità ben distanti tra loro, in modo tale che non si uniscano al centro, e creare così il vostro "torcigliato".

Bagnate la superficie di ogni torcigliato con dell'acqua e poi passatelo sui semi di sesamo, facendo un po' di pressione per farli aderire bene alla pasta ed evitare che si stacchino.

Posizionate i torcigliati su una teglia, rivestita con carta da forno, e fate lievitare per un'altra ora in forno spento. Prima di infornare, con un coltello praticate un taglio nella parte centrale del torcigliato in corrispondenza della parte intrecciata.

Cuocete in forno preriscaldato statico a 230 °C per 25 minuti, poi abbassate la temperatura a 180 °C e proseguite la cottura per altri 10 minuti o fino a quando il pane sarà ben dorato. Sfornate e portate in tavola.

TUORLOROSSO

I suggerimenti di Flo

Per la cottura del pane utilizzate la funzione vapore oppure posizionate un pentolino con dell'acqua sul fondo del forno e tenetela per tutta la durata della cottura. Questo vi permetterà di avere una crosta più consistente e croccante.

Mafalde palermitane

PORZIONI
6 persone

TEMPO DI PREPARAZIONE
30 minuti

TEMPO DI COTTURA
40 minuti

DIFFICOLTÀ
bassa

INGREDIENTI
- ✓ 10 g di lievito di birra
- ✓ 300 ml di acqua
- ✓ 1 cucchiaino di miele
- ✓ 1 cucchiaino di zucchero
- ✓ 35 ml di olio e.v.o.
- ✓ 500 g di semola di grano duro rimacinata
- ✓ 15 g di sale
- ✓ semi di sesamo

In una ciotola fate sciogliere il lievito nell'acqua a temperatura ambiente e aggiungete anche il miele. Versate il composto così ottenuto in una terrina o nella planetaria e unitevi anche lo zucchero. Incorporate adesso l'olio e successivamente la semola. Impastate fino a formare un panetto. A quel punto potete aggiungere il sale e continuare a lavorare fino a ottenere un panetto liscio e ben compatto.

Trasferitelo su un piano di lavoro leggermente infarinato e fate 2-3 pieghe, poi, facendo roteare in modo rapido ma delicato l'impasto sul piano (è la cosiddetta pirlatura), formate una palla. Mettetela in una terrina e coprite con pellicola per alimenti. Fate lievitare per 3 ore. Trascorso questo tempo dividete l'impasto in tocchetti da 100 g ciascuno.

Stendete ogni tocchetto sul piano di lavoro e lavoratelo così da formare un rotolino. Fate riposare per 10 minuti in modo che la pasta si distenda. Lavorandolo sempre con le mani, allungate ogni filoncino così da formare un cordoncino. Ripiegatelo a S per formare 4 curve. L'ultima parte del cordoncino andrà disposta trasversalmente, dando così forma alla vostra mafalda.

Disponete ogni mafalda su una teglia rivestita con carta da forno e fate lievitare in forno spento per un'ora. Quando il volume sarà raddoppiato potete spennellare con acqua e decorare con semi di sesamo. Fate cuocere in forno preriscaldato a 190 °C per 40 minuti tenendo un pentolino con dell'acqua sul fondo del forno già dal preriscaldamento. Sfornate e servite.

TUORLOROSSO

I suggerimenti di Flo

Il miele serve a migliorare la colorazione del pane mentre lo zucchero favorisce la lievitazione. Volendo, però, potete anche non usare questi due ingredienti.

Spighette palermitane

PORZIONI
6 persone

TEMPO DI PREPARAZIONE
30 minuti

TEMPO DI COTTURA
40 minuti

DIFFICOLTÀ
bassa

INGREDIENTI
- ✓ 300 ml di acqua
- ✓ 10 g di lievito di birra
- ✓ 1 cucchiaino di zucchero
- ✓ 1 cucchiaino di miele
- ✓ 35 ml di olio e.v.o.
- ✓ 500 g di semola di grano duro rimacinata
- ✓ 15 g di sale
- ✓ semi di sesamo

Preparate l'impasto versando in una terrina o in una planetaria l'acqua e unendo il lievito, lo zucchero e il miele. Mescolate questi primi ingredienti per amalgamarli bene. Versate anche l'olio e successivamente iniziate a incorporare la semola. Impastate adesso con le mani e appena avrete formato un panetto aggiungete il sale. Trasferitevi su un piano di lavoro leggermente infarinato e continuate a impastare fino a quando il panetto risulterà liscio e non più appiccicoso. Formate una palla, ponetela in una terrina coprendo con pellicola per alimenti e fate lievitare in forno spento per 2 ore o fino al raddoppio del volume iniziale.

Trascorso questo tempo, sul piano di lavoro dividete l'impasto in tocchetti da 250-300 g per le spighette grandi, oppure da 100 g ciascuno per le spighette piccole. Stendete ogni tocchetto sul piano di lavoro e poi arrotolatelo così da formare un filoncino.

Spennellate la superficie con acqua e cospargetela di semi di sesamo. Disponete i filoncini così ottenuti su una teglia rivestita con carta da forno. Per dare forma alla spighetta, con una forbice da cucina praticate dei tagli su entrambi i lati dell'impasto portando la punta del taglio leggermente verso l'esterno.

Fate lievitare per un'altra ora, quindi potete cuocere in forno preriscaldato a 200 °C per circa 40 minuti mettendo un pentolino con dell'acqua sul fondo del forno già dal preriscaldamento. Sfornate e portate in tavola.

TUORLOROSSO

I suggerimenti di Flo

I tempi di lievitazione possono subire delle variazioni in base alla temperatura che avete in casa.
Il numero dei tagli da fare sui lati dipende dall'effetto finale che volete ottenere.

Moffolette palermitane

PORZIONI
4 persone

TEMPO DI PREPARAZIONE
30 minuti

TEMPO DI COTTURA
20 minuti

DIFFICOLTÀ
bassa

INGREDIENTI
- ✓ 500 g di farina 0
- ✓ 235 ml di acqua
- ✓ 10 g di lievito di birra fresco
- ✓ 35 ml di olio di semi di girasole
- ✓ 15 g di zucchero
- ✓ 15 g di sale
- ✓ semi di sesamo

per condire
- ✓ olio e.v.o.
- ✓ filetti di acciuga
- ✓ sale, pepe

Disponete la farina in una terrina e versatevi l'acqua, a temperatura ambiente, in cui avrete già sciolto il lievito di birra fresco. Versate anche l'olio di semi e successivamente incorporate lo zucchero e il sale. Iniziate a lavorare con le mani fino a ottenere un panetto compatto ed elastico. Formate una palla, mettetela in una terrina, coprite con pellicola per alimenti e lasciate lievitare per un'ora in forno spento ma con luce accesa.

Trascorso questo tempo, dividete l'impasto in tocchetti da 200 g ciascuno per le moffolette grandi o da 100 g per le moffolette più piccole. Ogni tocchetto andrà lavorato portando i lembi esterni verso l'interno e formando una pallina. Lasciate riposare le palline di impasto per 20 minuti.

Finito il tempo di riposo, schiacciate le palline così da ottenere un disco, spennellate con acqua e passate nel sesamo facendo un po' di pressione affinché i semi aderiscano bene.
Fate lievitare per un'altra ora.

Potete ora cuocere in forno preriscaldato statico a 200 °C per 20 minuti mettendo un pentolino con dell'acqua sul fondo del forno sin dalla fase di preriscaldamento o utilizzando la funzione "vapore" del vostro forno. Una volta pronte sfornate le moffolette, lasciatele intiepidire, quindi tagliatele a metà e conditele.

La versione più antica e tradizionale prevede di condire le moffolette con abbondante olio extravergine di oliva (meglio ancora se olio nuovo), sale, pepe e dei filetti di acciuga. Volendo si può aggiungere anche del formaggio grattugiato, a piacere.
Un'altra versione molto diffusa propone di condire con olio extravergine di oliva, fette di pomodoro e di mozzarella, sale e pepe. Anche in questo caso la vostra moffoletta sarà davvero irresistibile!

TUORLOROSSO

I suggerimenti di Flo

Se volete dare un gusto più robusto e intenso alle vostre moffolette, nell'impasto potete sostituire l'olio di semi con dell'olio extravergine di oliva.

→

E se volessi prepararle "a sfincione"?

INGREDIENTI
per condire
- ✓ olio e.v.o.
- ✓ 3 filetti di acciuga
- ✓ 4 cipolle medie
- ✓ 400 g di polpa di pomodoro
- ✓ sale
- ✓ origano
- ✓ caciocavallo grattugiato

I possibili condimenti per le moffolette sono davvero tantissimi! Una variante molto diffusa e apprezzata è quella "a sfincione", in cui per il ripieno si utilizza proprio il sugo tipico dello sfincione. Procedete così.

In una casseruola scaldate dell'olio e fate sciogliere i filetti di acciuga. Aggiungete, quindi, le cipolle affettate (o tritate, se lo preferite) e cuocete fino a farle appassire.

Unite ora la polpa di pomodoro, regolate di sale se necessario e proseguite la cottura fino a quando le cipolle risulteranno completamente disfatte.

Non resta che tagliare a metà le moffolette e condirle con un po' di sugo, origano e una manciata di caciocavallo. Servitele subito!

Le curiosità di Flo

Le moffolette si preparano e si consumano il 2 novembre, giorno della Commemorazione dei defunti. In alcune località della Sicilia, però, si mangiano l'11 novembre, giorno di san Martino (aggiungendo in questo caso dei semi di anice all'impasto), oppure il 7 dicembre. Si possono preparare sia per pranzo sia per cena. In certe zone della Sicilia è tradizione consumarle già a colazione!

Sfincionelli palermitani

PORZIONI
4 persone

TEMPO DI PREPARAZIONE
40 minuti

TEMPO DI COTTURA
40 minuti

DIFFICOLTÀ
media

INGREDIENTI
- ✓ 7 g di lievito di birra disidratato
- ✓ 350 ml di acqua
- ✓ 1 cucchiaino di zucchero
- ✓ 500 g di farina 00
- ✓ 20 g di olio e.v.o.
- ✓ 15 g di sale

per condire
- ✓ 2 filetti di acciuga
- ✓ olio e.v.o.
- ✓ 2-3 cipolle bianche tritate
- ✓ concentrato di pomodoro
- ✓ 1-2 pomodori
- ✓ sale, pepe nero
- ✓ origano
- ✓ pangrattato

Preparate l'impasto facendo sciogliere in una terrina il lievito di birra nell'acqua, a temperatura ambiente. Unite lo zucchero e mescolate. Incorporate poco alla volta la farina. Otterrete un impasto molto morbido e appiccicoso, ma è normale che sia così. Continuate a lavorare con un cucchiaio portando l'impasto dall'esterno verso l'interno e noterete che la consistenza diventa via via più elastica. Versate ora l'olio e continuate a lavorare, questa volta usando le mani, sempre dall'esterno verso l'interno. Aggiungete il sale, formate una palla, copritela con pellicola per alimenti e fate lievitare per 2 ore o fino al raddoppio.

Per il condimento, in una pentola fate sciogliete i filetti di acciuga con dell'olio. Aggiungete le cipolle, fate rosolare per un paio di minuti e coprite con acqua per farle cuocere del tutto. Quando il liquido di cottura sarà evaporato mettete anche il concentrato di pomodoro, regolate di sale e proseguite la cottura fino a quando le cipolle saranno completamente cotte. Tenete da parte.

Riprendete l'impasto ormai lievitato, dividetelo in 4 parti e allungate ogni tocchetto così da dargli la forma tipica dello sfincionello. Ungetevi le mani per gestire bene l'impasto, che rimane molto morbido. Posizionate gli sfincionelli su una teglia unta d'olio e quindi cospargete la superficie con il condimento tenuto da parte. Aggiungete due fette sottili di pomodoro, condite con pepe e origano e infine spolverizzate con del pangrattato. Fate lievitare in forno spento per un'altra ora.

A questo punto, condite la superficie di ogni sfincionello con un filo d'olio e poi cuocete in forno preriscaldato statico a 230 °C per circa 25 minuti o fino a quando gli sfincionelli saranno cotti e si sarà formata una crosticina croccante sotto. Sfornate, fate intiepidire e portate in tavola.

TUORLO ROSSO

I suggerimenti di Flo

Gli sfincionelli costituiscono la versione street food del classico sfincione palermitano, di cui conservano molti sapori ma da cui differiscono per alcuni aspetti. Per esempio, non sono presenti le acciughe in pezzi interi e il caciocavallo ma, se volete, potete aggiungerli per personalizzare la ricetta e renderla più simile allo sfincione.

Grissini palermitani

PORZIONI
6 persone

TEMPO DI PREPARAZIONE
15 minuti

TEMPO DI COTTURA
20 minuti

DIFFICOLTÀ
bassa

INGREDIENTI
- ✓ 250 g di farina 00
- ✓ 4 g di lievito di birra disidratato
- ✓ 10 g di zucchero
- ✓ 100 ml di acqua
- ✓ 70 g di strutto
- ✓ 5 g di sale
- ✓ semi di sesamo

Preparate l'impasto mettendo la farina in una terrina, poi aggiungete il lievito di birra e lo zucchero, e mescolate. Versate l'acqua poco alla volta e iniziate a impastare. Aggiungete lo strutto a temperatura ambiente e, quando si sarà formato un panetto, anche il sale. Continuate a lavorare fino a quando avrete ottenuto un panetto liscio e morbido. Formate una palla e fate lievitare per 2 ore in forno spento.

Trascorso questo tempo riprendete l'impasto, dividetelo in piccoli tocchetti e allungateli per formare dei cordoncini. Immergeteli uno alla volta in acqua, sgocciolate e passate ognuno nei semi di sesamo così da ricoprirlo completamente.

Posizionate i grissini su una teglia rivestita con carta da forno e cuocete in forno preriscaldato statico a 230 °C per 10 minuti e poi a 200 °C per altri 10. Sfornate, fate raffreddare e servite.

TUORLO ROSSO

I suggerimenti di Flo

Il tempo di cottura può variare a seconda dello spessore dei cordoncini realizzati. In genere i grissini palermitani sono sottili, così da risultare ben friabili.

Semprefreschi

PORZIONI
8 persone

TEMPO DI PREPARAZIONE
20 minuti

TEMPO DI COTTURA
20 minuti

DIFFICOLTÀ
bassa

INGREDIENTI
- ✓ 500 g di farina 00
- ✓ 1 bustina di lievito di birra disidratato
- ✓ 1 cucchiaino di zucchero
- ✓ 2 cucchiaini di miele
- ✓ 280 ml di acqua
- ✓ 15 g di sale
- ✓ semi di sesamo

Iniziate a preparare l'impasto mettendo in una terrina la farina con il lievito, lo zucchero e il miele. Mescolate e versate ora l'acqua a temperatura ambiente. Cominciate a impastare con le mani fino a formare un panetto. Aggiungete anche il sale e lavorate ancora per 10 minuti o fino a quando avrete ottenuto un impasto morbido ed elastico. Ripiegatelo verso l'interno così da fare delle pieghe di rinforzo. Formate una palla, mettetela in una terrina e coprite con pellicola per alimenti. Fate lievitare in forno spento per un'ora.

Trascorso questo tempo riprendete l'impasto, dividetelo in tocchetti da 100 g e, aiutandovi con un matterello, stendete ogni tocchetto per ottenere un rettangolo. Avvolgetelo per formare un rotolo. Spennellate ogni rotolo con dell'acqua e passatelo sui semi di sesamo facendo un po' di pressione per farli aderire all'impasto. Posizionate i semprefreschi così formati su una teglia rivestita con carta da forno e fate lievitare in forno spento per 2 ore o fino al raddoppio del volume iniziale.

Mettete un pentolino con dell'acqua sul fondo del forno e preriscaldatelo a 220 °C, ma al momento di infornare abbassate la temperatura a 200 °C. Fate cuocere per 15-20 minuti o fino a doratura. Sfornate e portate in tavola.

Rosticceria siciliana

Calzoncini fritti

PORZIONI
4 persone

TEMPO DI PREPARAZIONE
30 minuti

TEMPO DI COTTURA
6 minuti

DIFFICOLTÀ
media

INGREDIENTI
per 16 calzoncini
- ✓ 1 dose di impasto per rosticceria (vedi la mia ricetta a p. 237)
- ✓ olio di semi di arachide

per il ripieno
- ✓ 200 g di prosciutto cotto a fettine
- ✓ 200 g di mozzarella a fettine

Terminata la prima lievitazione dell'impasto per rosticceria, su un piano di lavoro leggermente infarinato dividetelo in tocchetti da 50 g (in questo modo otterrete dei calzoncini fritti mignon. Per averne di grandi, fate tocchetti da 100 g). Portate i lembi esterni di ogni tocchetto verso l'interno e formate una pallina. Fate riposare per 10 minuti, poi allargate ogni pallina così da formare un disco, al cui centro dovete posizionare un po' di prosciutto e mozzarella (meglio se avvolta nel prosciutto). Ripiegate l'impasto a mezzaluna.

Pinzate bene i lembi esterni della pasta facendo uscire l'eventuale aria e sigillando accuratamente la pasta, quindi disponete i calzoncini su un vassoio o una teglia rivestita con carta da forno e fate lievitare per un'altra ora.

Trascorso questo tempo friggete nell'olio (non troppo caldo) fino a doratura omogenea. Scolate e trasferite ogni calzoncino su un foglio di carta da cucina così da eliminare l'olio in eccesso. Servite quando sono tiepidi.

TUORLO ROSSO

I suggerimenti di Flo

Se volete, potete aggiungere al ripieno anche della besciamella o del sugo di pomodoro.

Calzoncini al forno

PORZIONI
4 persone

TEMPO DI PREPARAZIONE
30 minuti

TEMPO DI COTTURA
20 minuti

DIFFICOLTÀ
media

INGREDIENTI
per 16 calzoncini
✓ 1 dose di impasto per rosticceria (vedi la mia ricetta a p. 237)

per il ripieno
✓ 200 g di prosciutto cotto
✓ 200 g di mozzarella

per decorare
✓ 1 tuorlo d'uovo
✓ 1 cucchiaio di latte
✓ semi di sesamo
✓ passata di pomodoro
✓ 200 g di mozzarella a tocchetti
✓ olio e.v.o.
✓ sale

Terminata la prima lievitazione dell'impasto per rosticceria, su un piano di lavoro leggermente infarinato dividetelo in tocchetti da 50 g ciascuno (per la versione mignon, da 100 g per i calzoncini al forno grandi). Portate i lembi esterni di ogni tocchetto verso l'interno e poi formate una pallina roteandolo delicatamente tra le mani.

Fate riposare per 10 minuti, poi allargate ogni pallina fino a formare un disco. Adesso aggiungete il ripieno: al centro posizionate un po' di prosciutto e mozzarella e ripiegate a mezzaluna. Pinzate bene i lembi esterni della pasta facendo uscire l'eventuale aria e sigillando accuratamente la pasta, quindi disponete i calzoncini su un vassoio o una teglia rivestita con carta da forno e fate lievitare per un'altra ora.

Adesso spennellate con il mix di tuorlo e latte, decorate con i semi di sesamo e mettete al centro di ogni calzoncino un po' di passata di pomodoro, condita con olio e sale. Fate cuocere in forno preriscaldato statico a 230 °C per 20 minuti.

Sfornate, aggiungete un tocchetto di mozzarella sopra la passata di pomodoro e infornate nuovamente fino a farla sciogliere. Servite ancora caldi.

Rollò con würstel

PORZIONI
4 persone

TEMPO DI PREPARAZIONE
30 minuti

TEMPO DI COTTURA
15 minuti

DIFFICOLTÀ
media

INGREDIENTI
per 16 rollò
- ✓ 1 dose di impasto per rosticceria (vedi la mia ricetta a p. 237)
- ✓ 16 würstel piccoli

per decorare
- ✓ 1 uovo
- ✓ 1 cucchiaio di latte
- ✓ semi di sesamo

Terminata la prima lievitazione dell'impasto per rosticceria, dividetelo in tocchetti da 50 g ciascuno (per i rollò piccoli; 100 g per i rollò grandi). Su un piano di lavoro leggermente infarinato lavorate ogni tocchetto fino a formare un cordoncino.

Prendete un cordoncino e avvolgetelo intorno a un würstel, facendo circa 3-4 giri. Se preparate i rollò grandi farete sempre 3-4 giri ma i cordoncini dovranno essere più spessi. Le due estremità del würstel non devono essere coperte dall'impasto. Disponete i rollò su una teglia rivestita con carta da forno e fate lievitare per 40-45 minuti.

Trascorso questo tempo spennellate con il tuorlo battuto con il latte e decorate con i semi di sesamo. Cuocete ora in forno preriscaldato statico a 230 °C per circa 15-20 minuti o fino a doratura.

Pizzette da buffet

PORZIONI
4 persone

TEMPO DI PREPARAZIONE
30 minuti

TEMPO DI COTTURA
15 minuti

DIFFICOLTÀ
media

INGREDIENTI
per 16 pizzette
- ✓ 1 dose di impasto per rosticceria (vedi la mia ricetta a p. 237)

per condire
- ✓ passata di pomodoro
- ✓ origano
- ✓ basilico
- ✓ mozzarella a cubetti
- ✓ olio e.v.o.
- ✓ sale

Terminata la prima lievitazione dell'impasto per rosticceria, dividetelo in tocchetti da 50 g ciascuno (per delle pizzette da aperitivo; per delle pizzette più grandi create tocchetti da 100 g). Formate delle palline e appiattitele su un piano di lavoro leggermente infarinato così da ottenere dei dischi. Disponeteli su una teglia rivestita con carta da forno e fate lievitare per 40 minuti.

Trascorso questo tempo, al centro di ogni disco create una conca e versatevi della passata di pomodoro, già condita con sale, olio e origano. Con il dorso del cucchiaio sporcate anche il bordo del disco.

Aggiungete dei cubetti di mozzarella e mettete la teglia a cuocere in forno preriscaldato statico a 230 °C per circa 15-20 minuti.

Pizzette rustiche

PORZIONI
6 persone

TEMPO DI PREPARAZIONE
30 minuti

TEMPO DI COTTURA
20 minuti

DIFFICOLTÀ
media

INGREDIENTI
per 9 pizzette
- ✓ 500 g di farina 00
- ✓ 40 g di zucchero
- ✓ 1 bustina di lievito disidratato
- ✓ 225 ml di acqua
- ✓ 60 g di strutto
- ✓ 13 g di sale

per condire
- ✓ passata di pomodoro
- ✓ 150 g di salame a fettine
- ✓ 400 g di mozzarella per pizza
- ✓ pomodori
- ✓ Parmigiano Reggiano grattugiato
- ✓ origano
- ✓ sale
- ✓ olio e.v.o.

Preparate innanzitutto l'impasto. In una terrina o in una planetaria riunite la farina, lo zucchero e il lievito di birra e mescolate bene. Versate ora l'acqua a temperatura ambiente, poco alla volta, iniziando a impastare nella terrina. Quando il composto prenderà la forma di un panetto potete aggiungere lo strutto a temperatura ambiente e successivamente il sale. Lavorate adesso su un piano di lavoro leggermente infarinato fino a quando il panetto risulterà morbido e liscio. Formate una palla, mettetela in una terrina e coprite con pellicola per alimenti. Fate lievitare per 2 ore o fino al raddoppio del volume iniziale.

Trascorso questo tempo, staccate dall'impasto dei tocchetti da 90 g. Lavorate ogni tocchetto portando i lembi esterni della pasta verso l'interno e formando una pallina. Disponete ogni pallina su una teglia antiaderente unta con dell'olio. Fate lievitare per un'altra ora.

A questo punto appiattite le palline partendo dal centro così che si formi una conca dove metterete il ripieno, ovvero un paio di cucchiaini di passata di pomodoro già condita con del sale. Disponetevi sopra un paio di fettine di salame e di mozzarella per pizza. Fate una leggera pressione per inserirle bene nella conca che avete creato, evitando così fuoriuscite in fase di cottura.

Terminate con un paio di fette di pomodoro tagliate sottili, una spolverizzata di Parmigiano, origano e un filo d'olio. Cuocete in forno preriscaldato statico a 220 °C per circa 20 minuti o fino a quando saranno dorate.

TUORLO ROSSO

I suggerimenti di Flo

Lo strutto può essere sostituito con stessa quantità di burro o con 45 g di olio di semi.
È preferibile usare mozzarella per pizza perché in cottura rilascia meno liquido.

“Ravazzate” alla carne

PORZIONI
6 persone

TEMPO DI PREPARAZIONE
40 minuti

TEMPO DI COTTURA
40 minuti

DIFFICOLTÀ
media

INGREDIENTI

per 9 *ravazzate*
- ✓ 1 dose di impasto per rosticceria (vedi la mia ricetta a p. 237)

per il ripieno
- ✓ 1 dose di ragù per rosticceria (vedi la mia ricetta a p. 234)

per decorare
- ✓ 1 uovo
- ✓ passata di pomodoro
- ✓ q. b. di ragù per rosticceria (vedi la mia ricetta a p. 234)
- ✓ semi di sesamo

Terminata la prima lievitazione dell’impasto per rosticceria trasferitelo su un piano di lavoro leggermente infarinato e dividetelo in tocchetti da 80 g ciascuno. Otterrete 9 tocchetti ma vi avanzerà della pasta: tenetela da parte perché servirà per la decorazione delle *ravazzate*.

Lavorate i tocchetti di impasto portando i lembi esterni verso l’interno e poi formando una pallina. Coprite con un panno o con pellicola per alimenti, quindi fate riposare per 10 minuti.

Trascorso questo tempo, sul piano di lavoro appiattite ogni pallina così da creare un disco. Al centro disponete il ragù per rosticceria ben freddo. Adesso portate i lembi esterni verso l’interno e, pinzando con le dita, richiudete la pasta per inglobare al centro il ripieno. Capovolgete la pallina così ottenuta e fatela roteare per darle una forma ben sferica. Continuate in questo modo con tutte le *ravazzate*, tenendo da parte un po’ di ragù per la decorazione.

Dopo aver formato tutte le *ravazzate*, riprendete l’impasto avanzato inizialmente e dividetelo in 9 tocchettini. Allungate ogni pezzettino fino a ottenere un cordoncino, che chiuderete ad anello, disponendolo sopra le vostre palline. Fate lievitare per un’altra ora in forno spento.

A questo punto non vi resta che spennellare con l’uovo battuto le *ravazzate* e riempire l’anello con mezzo cucchiaino di passata di pomodoro e un po’ di ragù. Decorate con semi di sesamo e cuocete in forno preriscaldato statico a 220 °C per circa 15-20 minuti o fino a doratura. Fate intiepidire e servite.

TUORLOROSSO

I suggerimenti di Flo

È importante che il ragù sia ben freddo prima di usarlo: in questo modo sarà più semplice gestirlo e inglobarlo all’interno della pallina di impasto.
Attenzione, però: i bordi della pasta devono restare asciutti e non sporcarsi con il ragù perché altrimenti fareste fatica a chiudere le *ravazzate*.

Crostini palermitani

PORZIONI
6 persone

TEMPO DI PREPARAZIONE:
20 minuti

TEMPO DI COTTURA
15 minuti

DIFFICOLTÀ
media

INGREDIENTI

per 15 crostini
- ✓ 15 fette di pancarrè
- ✓ olio di semi di arachide

per il ripieno
- ✓ 500 ml di latte
- ✓ 70 g di farina 00
- ✓ 50 g di burro
- ✓ sale
- ✓ noce moscata
- ✓ 120 g di prosciutto cotto a cubetti
- ✓ 120 g di mozzarella per pizza a cubetti
- ✓ Parmigiano Reggiano grattugiato (facoltativo)

per la lega e la panatura
- ✓ 400 ml di acqua
- ✓ 200 g di farina 00
- ✓ pangrattato

Per prima cosa, con parte degli ingredienti per il ripieno preparate una besciamella, che avrà una consistenza più densa del solito. In un pentolino versate il latte e a fiamma spenta incorporate la farina, mescolando con una frusta. Iniziate a cuocere a fuoco medio e aggiungete ora il burro. Regolate di sale e per finire aggiungete un pizzico di noce moscata. Fate addensare, mescolando sempre, spegnete la fiamma e fate raffreddare.

Aggiungete alla besciamella ormai fredda il prosciutto cotto e la mozzarella in piccoli pezzi. Se vi piace potete aggiungere anche il Parmigiano. Mescolate e tenete da parte il vostro ripieno.

Dedicatevi ora alle fette di pancarrè: rifilatele da tutti i lati per eliminare la crosticina. Tagliatele in diagonale così da ricavare dei triangoli. Prendete un triangolo e distribuitevi sopra un po' di ripieno, sovrapponete un altro triangolo e, con una spatola, passate il ripieno anche sui bordi.

Preparate la lega mescolando l'acqua con la farina e lavorandole a freddo con una frusta così da ottenere un composto liscio. Immergete in questa lega ogni crostino e poi passatelo nel pangrattato in modo da ricoprirne bene i bordi e la superficie.

Non resta che friggere in olio di semi ben caldo fino a doratura. Fate intiepidire prima di portare in tavola.

TUORLO ROSSO

I suggerimenti di Flo

Con questo procedimento otterrete dei crostini mignon. Per realizzare invece dei crostini grandi vi basterà tenere le fette di pancarrè intere dopo averle rifilate. Dovrete comunque farcire ogni fetta, sovrapporvi un'altra fetta intera e procedere poi alla panatura con lega e pangrattato.

Arancine

PORZIONI
6 persone

TEMPO DI PREPARAZIONE
45 minuti

TEMPO DI COTTURA
40 minuti

DIFFICOLTÀ
media

INGREDIENTI
- ✓ 1 litro di acqua
- ✓ 85 g di burro
- ✓ 1 dado vegetale (meglio se fatto in casa)
- ✓ 1 bustina di zafferano
- ✓ 500 g di riso Roma
- ✓ sale
- ✓ olio di semi di arachide

per la lega e la panatura
- ✓ 400 ml di acqua
- ✓ 200 g di farina 00
- ✓ pangrattato

per la versione *accarne*
- ✓ 1 dose di ragù per rosticceria (vedi la mia ricetta a p. 234)

Iniziate dalla preparazione del riso. Versate l'acqua in un pentolino, aggiungete il burro, il dado vegetale, un po' di sale e per ultimo la bustina di zafferano. Cuocete a fuoco medio fino a quando il composto avrà raggiunto il bollore. A questo punto buttate il riso, mescolate e attendete che il tutto riprenda il bollore. Mescolate di tanto in tanto fino a quando il riso sarà ben asciutto e il liquido sarà stato del tutto assorbito.

A questo punto distribuite il riso in una teglia, livellate la superficie con un cucchiaio e fate raffreddare completamente. Formate ora le arancine: bagnatevi le mani con un po' d'acqua, prendete una manciata di riso, appiattitela sul palmo della mano, create una conca al centro e mettetevi un po' di ragù per rosticceria. Aggiungete altro riso e richiudete avvolgendo il tutto così da inglobare il condimento al centro e dare una forma sferica alla vostra arancina, tipica della versione *accarne*.

Preparate ora la lega mescolando l'acqua con la farina e lavorandole a freddo con una frusta così da ottenere un composto liscio. Passate le arancine dapprima nella lega, facendo colare quella in eccesso, e poi nel pangrattato, quindi friggetele in olio ben caldo. Trasferitele su carta da cucina per eliminare l'olio in eccesso e servitele ancora tiepide.

TUORLOROSSO

Le curiosità di Flo

Arancina o arancino? Questa l'eterna diatriba tra molte zone della Sicilia. A Palermo la sentirete *sempre* chiamare "arancina"; in altre zone invece si usa "arancino". A variare non è soltanto il nome ma anche il ripieno o la preparazione del riso. A Palermo, per esempio, la versione alla carne prevede solo ragù mentre in altre località si aggiunge un tocchetto di formaggio. Nel riso, in alcune zone si mette anche l'uovo. La versione che propongo io è quella tipica palermitana.

→

E se volessi prepararle "abburro"?

INGREDIENTI

per la versione *abburro*

- ✓ 300 ml di besciamella "facile" (vedi la mia ricetta a p. 236)
- ✓ 80 g di prosciutto cotto a cubetti
- ✓ 150 g di mozzarella a cubetti
- ✓ sale
- ✓ prezzemolo

per la lega e la panatura

- ✓ 400 ml di acqua
- ✓ 200 g di farina 00
- ✓ pangrattato

Per la versione *abburro* la preparazione del riso rimane la stessa spiegata per le arancine *accarne* (vedi p. 226).

Per il ripieno, incorporate nella besciamella "facile" i cubetti di prosciutto e di mozzarella. Formate ora le arancine: bagnatevi le mani con un po' d'acqua, prendete una manciata di riso, appiattitela sul palmo della mano, create una conca al centro e mettetevi una cucchiaiata di ripieno. Chiudete con altro riso dando una forma ovale, tipica delle arancine *abburro*.

Proseguite passando nella lega le arancine, scolando quella in eccesso, e poi nel pangrattato. Friggetele esattamente come per la versione *accarne*.

TUORLOROSSO

I suggerimenti di Flo

Per la formazione delle arancine esistono in commercio appositi attrezzi che facilitano e velocizzano questa operazione. Per la buona riuscita di questo classico della cucina siciliana usate una qualità di riso piccolo e pieno di amido, come il Roma o il ribe. Questo vi agevolerà nella formazione delle arancine.

"Rizzuole"

PORZIONI
8 persone

TEMPO DI PREPARAZIONE
40 minuti

TEMPO DI COTTURA
10 minuti

DIFFICOLTÀ
media

INGREDIENTI
per 9 *rizzuole*
- ✓ 1 dose di impasto per rosticceria (vedi la mia ricetta a p. 237)
- ✓ 1 dose si ragù per rosticceria (vedi la mia ricetta a p. 234)
- ✓ olio di semi di arachide

per la panatura
- ✓ pangrattato

Terminata la prima lievitazione dell'impasto per rosticceria, dividetelo in 9 tocchetti da 80 g. Lavorate ogni tocchetto su un piano di lavoro leggermente infarinato, portando i bordi esterni verso l'interno e formando una pallina. Fate riposare per 10 minuti coprendo con pellicola per alimenti.

Trascorso questo tempo, da ogni pallina staccate un tocchetto da circa 10 g. Stendete la pallina così da formare un disco, disponetevi al centro un po' di ragù per rosticceria e chiudete portando i lembi esterni verso il centro. Pinzate delicatamente con le dita per chiudere la pasta e inglobare al centro il ripieno.

Prendete adesso il tocchetto di pasta tenuto da parte prima, formate una pallina, bagnatene una parte con dell'acqua e posizionatela al centro della *rizzuola*, bagnando anche il punto in cui le due parti si toccano. Fate un po' di pressione per far aderire bene la pasta.

Formate così tutte le *rizzuole*, poi immergetele in una ciotola piena di acqua tiepida, sgocciolatele e passate nel pangrattato in modo da ricoprirle completamente. Disponete le *rizzuole* ormai panate su un vassoio e fate lievitare in forno spento per circa un'ora.

Non resta che friggere le *rizzuole* nell'olio a 160 °C fino a doratura. Scolatele, trasferitele su un foglio di carta da cucina per eliminare l'olio in eccesso, fate intiepidire e portate in tavola.

TUORLO ROSSO

I suggerimenti di Flo

È importante che la frittura avvenga molto dolcemente altrimenti le *rizzuole* si dorerebbero velocemente all'esterno ma la parte interna della pasta rischierebbe di rimanere cruda.
Fate attenzione a non sporcare con il ragù i lembi esterni del disco di pasta altrimenti non riuscirete più a sigillarli e, quindi, a formare la vostra *rizzuola*.

Preparazioni di base

Ragù per rosticceria

PORZIONI
-

TEMPO DI PREPARAZIONE
15 minuti

TEMPO DI COTTURA
40 minuti

DIFFICOLTÀ
bassa

INGREDIENTI
✓ 1/2 carota
✓ 1/2 costa di sedano
✓ 1/2 cipolla bianca
✓ 1 foglia di alloro
✓ 300 g di carne di vitello tritata
✓ 100 ml di vino rosso
✓ 20 g di concentrato di pomodoro
✓ 400 ml di passata di pomodoro
✓ 250 g di pisellini
✓ olio e.v.o.
✓ sale, pepe
✓ noce moscata

Alla base del ragù c'è la preparazione del soffritto: tritate finemente la carota, il sedano e la cipolla e soffriggeteli in una casseruola con un filo d'olio. Dopo un paio di minuti aggiungete l'alloro e la carne. Rosolate bene e quando la carne sarà quasi cotta sfumate con il vino, facendolo evaporare. Regolate di sale, pepe e noce moscata e aggiungete il concentrato di pomodoro, mescolando bene per amalgamarlo.

Eliminate la foglia di alloro e versate la passata di pomodoro, sempre mescolando. Coprite con un coperchio e fate proseguire la cottura per 10 minuti. Adesso potete aggiungere i pisellini. Coprite ancora con il coperchio e continuate a cuocere fino a quando i legumi saranno cotti ma soprattutto fino a quando il ragù sarà diventato denso. Spegnete il fuoco e fate raffreddare completamente prima di utilizzarlo.

Spesso, per la preparazione dei pezzi di rosticceria che contengono il ragù all'interno, questo viene preparato il giorno prima e tenuto per diverse ore in frigorifero: in questo modo potete incorporarlo più facilmente all'interno dell'impasto.

Besciamella "facile"

PORZIONI
-

TEMPO DI PREPARAZIONE
10 minuti

TEMPO DI COTTURA
10 minuti

DIFFICOLTÀ
bassa

INGREDIENTI
✓ 1 litro di latte
✓ 100 g di farina 00
✓ sale
✓ noce moscata
✓ 100 g di burro
✓ 30 g di Parmigiano Reggiano grattugiato

Versate il latte in una casseruola e a fuoco spento aggiungete la farina, mescolando con una frusta così da incorporarla perfettamente: non devono esserci grumi! Aggiungete sale e noce moscata e, per ultimo, il burro.

Accendete il fuoco e cuocete mescolando continuamente per amalgamare bene gli ingredienti, fino a quando la besciamella inizierà a prendere consistenza e si addenserà, diventando cremosa. Spegnete la fiamma e aggiungete il Parmigiano. Mescolate con una frusta così da incorporarlo bene: la besciamella "facile" è pronta.

Impasto per rosticceria

PORZIONI
-

TEMPO DI PREPARAZIONE
20 minuti

TEMPO DI COTTURA
-

DIFFICOLTÀ
bassa

INGREDIENTI
- ✓ 500 g di farina 00
- ✓ 225 ml di acqua
- ✓ 10 g di lievito di birra fresco
- ✓ 40 g di zucchero
- ✓ 40 g di strutto
- ✓ 13 g di sale
- ✓ 1 uovo (facoltativo)

Innanzitutto mettete la farina in una terrina e poi versatevi l'acqua in cui avrete sciolto il lievito. Uno dopo l'altro, amalgamandoli per farli incorporare bene, unite anche tutti gli altri ingredienti.

Iniziate impastando con le mani (o in una planetaria) fino a ottenere un impasto liscio e compatto. Formate una palla, mettetela in una terrina, quindi coprite con pellicola per alimenti e fate lievitare in forno spento con luce accesa per 2 ore o fino al raddoppio del volume iniziale.

Quando la lievitazione è ultimata, riprendete l'impasto e allungatelo su un piano di lavoro leggermente infarinato: siete pronti per preparare i vari "pezzi" di rosticceria, come ho proposto in molte ricette di questo libro.

Pasta reale

PORZIONI
-

TEMPO DI PREPARAZIONE
20 minuti

TEMPO DI COTTURA
-

DIFFICOLTÀ
bassa

INGREDIENTI
- ✓ 250 g di farina di mandorle
- ✓ 250 g di zucchero a velo
- ✓ 40 g di glucosio
- ✓ 2-3 gocce di essenza di mandorle amare
- ✓ 30 ml di acqua
- ✓ 1 bustina di vanillina

per la pasta reale verde
- ✓ colorante alimentare verde (in alternativa, pasta di pistacchio)

Pochi ma fondamentali ingredienti per questa preparazione alla base di molti dolci tradizionali siciliani: innanzitutto in una terrina mescolate la farina con lo zucchero, lavorando con le mani così da eliminare eventuali grumi. Versate quindi il glucosio e le gocce di essenza di mandorle e proseguite a lavorare con le mani compattando il composto affinché la farina di mandorle rilasci il suo olio. Non siate però eccessivamente energici altrimenti ne verrebbe rilasciato troppo e la pasta diventerebbe difficile da gestire.

Versate anche l'acqua, aggiungete la vanillina e continuate a impastare fino a quando si sarà formato un panetto morbido, che finirete di lavorare su un piano di lavoro. La pasta reale è pronta per essere utilizzata.

Per alcune preparazioni, come la cassata o le cassatine, si utilizza una pasta reale verde. In questo caso, in fase di preparazione si aggiunge del colorante verde o della pasta di pistacchio nelle quantità che servono a raggiungere il colore finale desiderato. In genere questa pasta reale è di un verde ben carico.

“Muddica atturrata”

PORZIONI
-

TEMPO DI PREPARAZIONE
5 minuti

TEMPO DI COTTURA
5 minuti

DIFFICOLTÀ
bassa

INGREDIENTI
- ✓ olio e.v.o.
- ✓ pangrattato
- ✓ sale
- ✓ pepe nero (facoltativo)

Il pangrattato tostato (questo è il significato di questa specialità) è un altro classico in Sicilia. Preparatelo versando in una padella un po' di olio e del pangrattato, nella dose che vi serve. Regolate di sale a piacere. Se lo gradite aggiungete anche del pepe nero macinato.

Cuocete a fuoco medio-basso mescolando costantemente così da far tostare bene il pangrattato. Piano piano lo vedrete diventare sempre più dorato. A quel punto la vostra *muddica atturrata* è pronta per essere utilizzata nei vostri piatti.

Questa preparazione viene chiamata anche “formaggio dei poveri” perché un tempo era usata dalle famiglie meno ricche al posto del formaggio per insaporire le pietanze. Oggi, invece, costituisce un elemento tipico di molte pietanze siciliane.

Insaporitore all'arancia

PORZIONI
-

TEMPO DI PREPARAZIONE
10 minuti

TEMPO DI COTTURA
60 minuti

DIFFICOLTÀ
bassa

INGREDIENTI
✓ scorze di arance non trattate

Lavate le arance e ricavatene la scorza senza intaccare la parte bianca: se dovesse succedere, grattatela via dalla scorza per evitare che l'insaporitore rilasci un gusto amaro nei vostri dolci.

Disponete le scorze su una teglia rivestita con carta da forno e infornate a 100 °C per circa un'ora. Una volta ben secche, frullatele con un mixer così da ridurle in polvere.

Trasferite il tutto in un barattolo sterilizzato, chiudete con il coperchio e riponete in dispensa: si conserverà per dei mesi.

Con la stessa procedura è possibile preparare anche l'insaporitore al limone o al mandarino. È importante utilizzare sempre agrumi con scorza edibile non trattata.

Pesto alla siciliana

PORZIONI
-

TEMPO DI PREPARAZIONE
10 minuti

TEMPO DI COTTURA
-

DIFFICOLTÀ
bassa

INGREDIENTI
- ✓ 250 g di pomodori
- ✓ 50 g di formaggio grattugiato
- ✓ 50 g di basilico
- ✓ 100 g di olio e.v.o.
- ✓ 40 g di mandorle pelate
- ✓ 1 spicchio d'aglio
- ✓ 80 g di ricotta di pecora
- ✓ sale
- ✓ pepe (facoltativo)

Riducete innanzitutto i pomodori in pezzi e metteteli in un frullatore. Aggiungete il formaggio e il basilico, che avrete già lavato e tamponato con un panno. Versate anche l'olio, poi unite le mandorle e l'aglio.

Non resta che aggiungere la ricotta di pecora ben scolata, un pizzico di sale e, se lo gradite, anche di pepe. Frullate con scatti brevi che si susseguono così da non surriscaldare il composto e quindi ossidare il basilico. Continuate in questo modo fino a quando avrete raggiunto la consistenza desiderata. Il pesto è ora pronto per essere utilizzato per la preparazione di tanti piatti appetitosi.

TUORLO ROSSO

I suggerimenti di Flo

Se i pomodori avessero molta polpa, potete rimuoverne una parte prima di utilizzarli per non avere un pesto troppo liquido. Se preferite, i pomodori possono essere privati della buccia: fate un taglio a croce, sbollentateli per qualche minuto e passateli poi in acqua fredda. In questo modo la buccia si staccherà in un attimo.

Crema di ricotta

PORZIONI
4 persone

TEMPO DI PREPARAZIONE
20 minuti

TEMPO DI COTTURA
20 minuti

DIFFICOLTÀ
bassa

INGREDIENTI
- ✓ 500 g di ricotta di pecora fresca
- ✓ 250 g di zucchero semolato
- ✓ 50 g di gocce di cioccolato fondente

Usata per farcire tanti dolci siciliani, è facile da preparare: disponete la ricotta in uno scolapasta con un piatto posto sotto, riducetela in pezzi e lasciate scolare in frigorifero per tutta la notte.

Il giorno successivo, se la ricotta è ben asciutta mettetela in una terrina e aggiungete lo zucchero, mescolando con una forchetta per amalgamarli bene. Coprite con pellicola per alimenti e fate riposare ancora per un altro giorno in frigorifero.

Il terzo giorno schiacciate il composto in un setaccio a maglie strette o passandolo con un passaverdure. In questo modo qualsiasi grumo verrà eliminato e la crema risulterà ben vellutata.

Aggiungete le gocce di cioccolato e la crema di ricotta è pronta per essere utilizzata. Fino ad allora, però, tenetela in frigorifero.

TUORLOROSSO

I suggerimenti di Flo

Se gradite una crema di ricotta meno dolce potete usare 150 g di zucchero su 500 g di ricotta. Il risultato sarà comunque ottimo!

Pan di Spagna

PORZIONI
-

TEMPO DI PREPARAZIONE
20 minuti

TEMPO DI COTTURA
25 minuti

DIFFICOLTÀ
media

INGREDIENTI
per uno stampo da 18 cm
- ✓ 3 uova
- ✓ 90 g di zucchero
- ✓ 45 g di farina 00
- ✓ 45 g di fecola di patate
- ✓ 2 cucchiaini di estratto di vaniglia

Il pan di Spagna è la base di molti dolci famosi. Praparatelo così: ponete le uova a temperatura ambiente e lo zucchero in una planetaria e lavorate alla massima velocità per circa 15 minuti. Il composto, infatti, dovrà risultare ben gonfio e spumoso, per cui dovrà inglobare molta aria.

Setacciate due volte la farina e la fecola e mescolatele tra loro. Aggiungete le polveri alle uova incorporandole con una spatola, con movimenti delicati dal basso verso l'alto per non smontare il composto e continuare a inglobare aria.

Trasferite il composto così ottenuto in uno stampo da 18 cm imburrato e infarinato e cuocete in forno preriscaldato statico a 180 °C per 25 minuti. Posizionate una pallina di carta da forno nello sportello così che resti aperto uno spiffero.

Quando il pan di Spagna inizierà a staccarsi dal bordo potete sfornarlo. Fate intiepidire e sformate mettendolo a raffreddare su una gratella. Una volta freddo potrete utilizzarlo.

Dosi in base allo stampo

La proporzione classica per realizzare un buon pan di Spagna è di 30 g di zucchero e 30 g di farine per ogni uovo. Quali sono, però, le dosi giuste da seguire in base alla dimensione e alla forma dello stampo? Trovate la risposta in queste tabelle.

TEGLIA RETTANGOLARE	UOVA	ZUCCHERO	FARINA 00	FECOLA DI PATATE
18 x 15 cm 20 x 16 cm	3	90 g	45 g	45 g
22 x 17 cm	4	120 g	60 g	60 g
24 x 19 cm	5	150 g	75 g	75 g
26 x 20 cm	6	180 g	90 g	90 g
28 x 22 cm	8	240 g	120 g	120 g

STAMPO TONDO	UOVA	ZUCCHERO	FARINA 00	FECOLA DI PATATE
diam. 18-20 cm	3	90 g	45 g	45 g
diam. 22 cm	4	120 g	60 g	60 g
diam. 24 cm	5	150 g	75 g	75 g
diam. 26 cm	6	180 g	90 g	90 g
diam. 28 cm	8	240 g	120 g	120 g

I consigli di Flo

Come sostituire il burro?

Il burro e lo strutto sono due ingredienti che possono essere sostituiti l'uno con l'altro nelle stesse quantità. Al loro posto si può utilizzare anche pari quantità di margarina. Diversa, invece, è la sostituzione con l'olio. Potete usare indifferentemente olio di semi od olio extravergine di oliva (e.v.o.), anche se dovete ricordare che quest'ultimo ha un sapore più forte e robusto che si avverte poi, a fine cottura. Per i dolci, infatti, è sempre meglio sostituirlo con l'olio di semi.
Per la conversione, vi basterà ridurre la quantità di burro (o strutto o margarina) del 20%: per comodità, potrete fare riferimento alla tabella riportata qui sotto.

BURRO	20 g	25 g	30 g	35 g	40 g	45 g
OLIO	16 g	20 g	24 g	28 g	32 g	36 g
BURRO	50 g	60 g	80 g	100 g	120 g	150 g
OLIO	40 g	48 g	64 g	80 g	96 g	120 g
BURRO	180 g	200 g	225 g	250 g	275 g	300 g
OLIO	144 g	160 g	180 g	200 g	220 g	240 g

Come eliminare il lattosio?

Tutte le ricette presenti in questo libro possono essere realizzate senza lattosio, ottenendo sempre un risultato perfetto, semplicemente utilizzando le versioni delattosate di latte, burro, mozzarella, ricotta e formaggi vari, oggi facilmente reperibili nei supermercati.
Ecco qualche altro consiglio sulle sostituzioni più corrette nel caso non riusciste a trovarli:

✓ potete sostituire il latte con pari quantità di bevande vegetali, preferendo quelle di riso, soia o avena a causa del loro sapore più neutro e delicato;
✓ laddove è previsto il burro, in alternativa potete scegliere strutto o margarina oppure olio, nelle quantità indicate nel paragrafo precedente;
✓ la panna di latte fresca da montare può essere facilmente sostituita con panna a base vegetale.

Forno statico o ventilato?

Quante volte vi siete chiesti quale sia la funzione del forno più adatta a una specifica ricetta? Il pane è meglio cuocerlo in modalità statica o è preferibile la cottura con forno ventilato?

Nella tabella seguente vi riporto quale funzione usare in base al tipo di ricetta.

FORNO STATICO	FORNO VENTILATO
torte dolci soffici	biscotti
pane	crostate
pizza e focacce	verdure gratinate
sfincione	pesce
brioche	arrosti
rosticceria	pasta al forno
torte salate	patate

Se il vostro forno, però, non avesse entrambe le modalità... niente paura. Con piccoli accorgimenti riuscirete a cuocere alla perfezione i vostri piatti.
In particolare, se avete un forno solo statico dovrete aumentare di 10 °C la temperatura indicata nella ricetta (laddove si consiglia un ventilato).
Viceversa, se avete un forno ventilato, dovrete diminuire di 10 °C la temperatura indicata nella ricetta (laddove si consiglia una cottura in modalità statica).
Infine, bisogna sottolineare che ogni forno ha le sue peculiarità e quindi i tempi riportati nelle ricette possono differire leggermente: è importante dunque familiarizzare con il proprio forno e regolarsi di conseguenza, oltre a controllare sempre la doratura delle pietanze o, per esempio, fare la prova stuzzicadenti in torte e lievitati.

Come sostituire i lieviti?

Il lievito è un ingrediente fondamentale per molte pietanze, ma può capitare di non avere in casa quello riportato nella ricetta. Un lievito istantaneo può sostituire un lievito di birra? Il lievito madre si può sostituire con il lievito per dolci? Proviamo a fare un po' di chiarezza.

Lievito di birra fresco, disidratato e istantaneo

Partiamo dal presupposto che una bustina di lievito di birra disidratato da 7 g corrisponde a un cubetto di lievito di birra fresco da 25 g. In genere, una bustina o un panetto sono la dose consigliata per 500 g di farina.

In particolare, però, per quanto riguarda il lievito di birra fresco, io preferisco utilizzarne una quantità inferiore (nella maggior parte dei casi circa la metà) e così allungo i tempi di lievitazione: in questo modo si azzera il rischio che il nostro lievitato dopo la cottura abbia uno sgradevole retrogusto di lievito.
Ritornando alle sostituzioni, laddove si suggerisce l'utilizzo di una bustina di lievito di birra disidratato (7 g), questa può essere sostituita con 10-12 g di lievito di birra fresco (circa mezzo panetto) e viceversa.
Vi consiglio di non sostituire il lievito di birra (sia fresco sia disidratato) con il lievito istantaneo: in genere io utilizzo quest'ultimo solo per torte salate e ricette "senza lievitazione".

Lievito madre

Potete sostituire una bustina di lievito di birra disidratato o 10-12 g di lievito di birra fresco con 130 g di lievito madre rinfrescato. Si tratta sempre della dose riferita a 500 g di farina.
Se, invece, voleste utilizzare del lievito madre essiccato, usatene 35 g per 500 g di farina.

Lievito per dolci e ammoniaca

Quando è indicato l'utilizzo del lievito per dolci, questo non può essere sostituito con il lievito di birra di alcun tipo. Viene in genere impiegato per torte, plumcake, muffin e alcuni tipi di biscotti.
A proposito di biscotti, in genere si utilizza l'ammoniaca per dolci al fine di ottenere un risultato più friabile, che si mantiene più a lungo. Potete, però, sostituire questo ingrediente con pari quantità di lievito per dolci. In questo caso otterrete dei biscotti meno croccanti ma comunque buonissimi.

Indice delle ricette

Antipasti

Primi

Secondi

Contorni

Dolci

Lievitati

Rosticceria siciliana

Preparazioni di base

Ringraziamenti

La lista delle persone da ringraziare per aver contribuito alla creazione di questo libro sono tante. *In primis* devo dire grazie a voi che state leggendo, perché senza il vostro affetto tutto questo non sarebbe stato possibile.

Un ringraziamento doveroso va a Elisabetta Albieri e alla casa editrice Mondadori per aver creduto in me e avermi permesso di realizzare il mio sogno: consegnare nelle vostre mani questo volume e, con esso, una parte di me.

Grazie anche a mio marito Mirko, parte integrante di tutto il mio lavoro, ai miei figli Julie e Kevin, per avermi caricata di entusiasmo, e ad amici e parenti che mi hanno sempre spronata a credere in me e in questo progetto.

L'ultimo, ma enorme ringraziamento non può che andare a te, mamma: senza i tuoi insegnamenti e il tuo esempio nulla sarebbe stato possibile.

Referenze fotografiche

Tutte le immagini del volume sono state gentilmente fornite dall'autrice che ne autorizza la pubblicazione, con l'eccezione di quelle alle pp. 4, 14, 42, 66, 96, 120, 186, 212, 232, 254 (© Adobe Stock).

Pubblicato per

MONDADORI ELECTA

da Mondadori Libri S.p.A.

Progetto grafico: Giorgia Dalla Pietà

ISBN 978-88-918-4275-6
Prima edizione: novembre 2024

Elementi grafici: Freepik

Questo volume è stato stampato presso
Elcograf S.p.A., via Mondadori 15, Verona
Stampato in Italia - Printed in Italy